家族療法的カウンセリング

亀口憲治

駿河台出版社

目次

はじめに

臨床心理士や各種のカウンセラーは、最近では高度専門職業人として大きな社会的注目を集めるようになった。そのはるか以前から、弁護士という職業は高い社会的な地位を築いてきた。多くの若者が、将来のキャリアとして夢みる高度専門職業人の代表格でもある。その弁護士として著名な中坊公平氏は、日本弁護士連合会会長、司法制度改革審議会会長等の組織の要職を務め、同時に森永ヒ素ミルク中毒事件被害者弁護団長、豊田商事事件破産管財人、豊島産廃問題の住民側弁護団長として、一貫して社会的弱者の支援に身を賭して取り組んできた方である。その中坊氏は、自身が幼いときには虚弱児であったために、普通の子どもが当たり前に経験できることができず、仲間からも疎外されて孤独な子ども時代を送ったことを、各所のインタビューで回想されている。

今の時代であれば、子ども時代の中坊氏は「クライエント」としてわれわれ臨床心理士やカウンセラーの支援を受ける立場におかれていたかもしれない。しかし、中坊弁護士が子どもであった一九三〇年代当時の日本には、カウンセラーのような専門家は皆無に近く、たとえ、氏やご両親が何らかの心理的援助を希望されたとしても、それは不可能であった。では、どのようにして中坊氏は、その逆境を自ら克服されたのだろうか。あるインタビューで、氏は、つぎのようにその「知恵」の一端を紹介されている（朝日新聞、二〇〇三年三月三〇日）。

「私のように弱く生まれついたり、ちょっとできが悪かったりすると、みんなが自動車で走っていくアスファルトの道路を走れないんです。その方が早いのは目に見えているけれど、そこで蹴とばされてしまったから、山道やけもの道を行くしかない。でも、高い山や険しい道を苦労して小枝にすがりながら歩いていったら、回り道になっているけれど、ひょっとしたらアスファルト道を短い距離で越えているかもしらん。だから、できないなりに、けもの道や山道を歩く力を持てということです。その山道こそ現場であり、自分だけの足で分け入っていくところなんですね」

私は、このような発想法や生き方こそ、「小よく大を倒す」、あるいは「負けるが勝ち」といった東洋的な「逆説の知」の真髄であり、家族療法的カウンセリングがもたらす「臨床の知」につながるものと考えている。本書の執筆にあたっては、できるだけこのような趣旨が理解いただけるように、いくつかの工夫を加えた。家族療法そのものは、欧米では二〇世紀半ばに誕生していたにもかかわらず、わが国のカウンセリング界には、ごく最近に至るまで本格的に受け入れられることはなかった。そこで、今回、「家族療法」にカウンセリングを加えた「家族療法的カウンセリング」という新たな名称を用いることにした。本書の発刊をきっかけにして、「家族療法的カウンセリング」というアプローチの持つ独自性と豊かな可能性が偏見なく受け入れられ、二一世紀のわが国のカウンセリング界に新風を吹き込むことを期待している。

第一章
家族療法的カウンセリングの理論的背景

1．家族療法的カウンセリングの考え方

心理療法としての家族療法は、二〇世紀なかばに欧米で誕生し、一九八〇年代に日本にもたらされた。その意味では、精神分析などの他の心理療法学派と同様に、輸入品である。しかし、私が八〇年代初頭にニューヨークで家族療法と衝撃的な出会いを経験し、直後に日本での普及と発展を志したのは、単なる欧米崇拝や欧米追従の心理に基づくものではなかった。むしろ、家族療法の発想の根底に、東洋思想の特徴である「逆説的真理」の深い知恵と通底するものがあると感じたからである。さらに、われわれ日本人の集合的無意識に埋め込まれた「東洋的な知恵」を、新たな「臨床の知」として復活させることが、家族療法の実践によって可能になるのではないかと夢想した。つまり、心理療法における「和魂洋才」の実現を目標として掲げたのである。

その後二〇年余りひたすらに、私はこの道を歩んできた。新たな世紀に入ったところで、家族療法・家族カウンセリング（以後はとくに断らない限りは、家族療法的カウンセリングで代表させる）の魅力と奥深さ、そして二一世紀における豊かな発展の可能性について、改めて問い直してみたい。

基本的なものの考え方

家族療法的カウンセリングでは、家族を単に個人を寄せ集めたものとはみなさない。したがって、個人を対象とした面接を別々に切り離して行い、カウンセラーが最後にその印象を足し合わせれば、その家族全体としての関係や心理状態が把握できるとはけっして考えないのである。なぜなら、個人のみを対象とするカウンセリングでは、その個人の心理を把握できても、「関係」そのものの実態に肉薄し、その特性を正確に理解することはできないからである。もちろん、個人カウンセリングにおいても、家族関係についての「話」を、クライエントから聞くことはできる。しかし、他の家族成員に直接確かめる機会がある場合には、その話がずいぶんとちがっていることは少なくない。家族療法的カウンセリングでは、複数の家族成員と同席で面接を行なうことによって、互いの関係を直接確認できるようにさまざまな工夫を重ねてきた。その試みの中から、家族関係をひとつのまとまりのある「心理系」として理解・受容する見方が定着してきた。その見方を基盤として、主訴をめぐる問題の解決へ向けた具体的な援助技法が、さまざまな学派による理論形成とともに生み出されてきたのである。

このような臨床心理システム論的な観点に立つ家族療法的カウンセリングでは、IP（その家族内で患者あるいは問題をかかえたと認定された人物）と他の家族成員との情緒的関係のパターン、あるいは行動レベルでの相互作用に注目する。カウンセラーは、家族面接場面で同席した家族の発言内容、家族成員の発言に対する他の家族成員の反応（表情、姿勢、動作の変化など）の差異や順序、座席の位置などの多面的な情報から、家族の間で日常的に繰り返されてきた相互作用のパターンを見つけ出す。カウンセラーはそのパターンを生み出す母体を「家族システム」とみなし、それをあたかも一人のクライエントの心的世界と同じように共感的に理解し、受容しようとするのである。

ここでは、家族システムを次のように定義する。「家族システムとは、家族を一つのまとまりを持つ生命系としてとらえた見方である。この生命系は、心理的に結び合ったいくつかの諸部分（サブシステム）からなっている。夫婦、母子、父子、兄弟・姉妹、さらに個人が、それぞれサブシステムを形成している。それらは個々に独自の機能と物語世界を持っている。しかも、全体としてはまた別個の機能と物語を持つ複合体であり、他の社会集団とは異なって認知される特性を有する」。

家族システムの発達的変化

大多数の家族は、結婚に始まる長い年月の間にいくつかの大小の家族危機に直面し、そのつど変化や修正を求められる。臨床心理システム論に立つ家族療法的カウンセリングは、クライエント個人の症状や問題行動の原因追及や意味解釈よりも、家族員間の情緒的、意識的、そして無意識的コミュニケーションの過程にいっそうの注意を払う。さらに、その歪みを具体的に改善すること、つまり、家族が自らのシステムを再組織化すること（自己組織化）を積極的に促すことを目標としている。したがって、家族内に心理的問題が発生することは、必ずしも否定的にのみ受け止める必要はないのである。むしろ、家族人生周期の移行期の課題を乗り越えるための跳躍台として、「肯定的な役割」を持っているとさえみなしている。

2. 家族療法的カウンセリングの歴史

一九五〇年代以降の家族療法的カウンセリングの半世紀にわたる歴史について、表１－１に簡潔にまとめた（亀口、二〇〇二）。この表によって、家族療法的カウンセ

表1－1　家族療法の歴史

50年代 (発見の時代)	家族療法は、他の多くの心理療法とは異なり、特定の個人によって創始されたものではない。むしろ、複数の心理療法家によって同時多発的に「発見された」とみるべきである。50年代の心理療法界では、個人の精神内界にこそ心の秘密を解き、また治療的変化を引き起こす仕組みが存在すると仮定されていた。初期のベイトソン・グループもアッカーマンも、行動観察や臨床経験の蓄積のなかから、当時の通説に反する家族療法のアイデアを、「発見」したのである。
60年代 (実践展開の時代)	家族療法を主目的とする民間の治療・研究機関が設立され、心理療法の一形態としての家族療法が実践展開され始めた。同時に、全米各地に誕生した家族療法家が互いの臨床経験をもちより、情報交換を行うための会合がもたれるようになり、専門の学術機関誌や単行本も発行されるようになった。
70年代 (拡大・発展の時代)	この時期に、家族療法の主要な理論や技法が輩出した。家族療法は、予想もされなかった大発展をとげ、治療対象も初期には分裂病や非行が中心であったが、他の精神疾患、薬物およびアルコール依存、各種の身体疾患、児童および成人の情緒障害、夫婦関係、親子関係をも含むようになった。臨床家や研究者の組織化はさらに加速し、最大の組織である米国夫婦家族療法学会（ＡＡＭＦＴ）の会員数は、8000人台にまで増加した。
80年代 (専門化の時代)	ある種の社会運動のように量的な拡大を遂げた家族療法が、その理論的基盤を再確認しはじめた時期である。家族療法の各学派を理論的にも技法的にも統合しようとする試みが登場した。また、米国以外の国々に家族療法が広まることで、国際化が進行し、逆に米国の家族療法家がその影響を受けるようにもなってきた。
90年代 (統合化の時代)	80年代までの家族療法家は、ある特定の治療学派に自らを同一視する傾向が強かった。しかし、各学派のカリスマ的な影響力を持った創始者が相ついで亡くなり、90年代には明確だった学派間の境界はしだいに不明瞭になった。現在では、学派のちがいというよりも、アプローチのちがいとして語られるようになっている。この傾向は、21世紀にはさらに強まるものと予想されている。

リングがほぼ一〇年を節目として急速に発展し、体系化が進んだことを理解していただけることだろう。

3. 家族療法的カウンセリングの学派

家族療法的カウンセリングも他の心理療法やカウンセリングと同じく、創始者あるいは開拓者と呼ばれる優れた臨床家の臨床実践や業績によって形成されてきた。しかし、家族療法的カウンセリングの場合には、フロイト派、ユング派、ロジャース派などと異なり、各派を代表する臨床家の業績が尊重され、各派の追随者や弟子たちが、それへの忠誠を直接あるいは間接に期待されることは比較的少ない。すでに述べたように、一九五〇年代に同時多発的に原初的な家族療法的カウンセリングの実践が開始され、一人ではなく、複数の創始者が登場したこともおおいに影響している。初学者はいずれかのアプローチを主に学び始め、臨床経験を重ねるに従い、他派のアプローチの長所を徐々に取り入れると良いだろう。

ボーエン理論

精神科医のボーエン Bowen, M.（ボウエンとも表記される）は、統合失調症患者の家族全員を入院させる治療法を試みた。彼は自分自身の親類縁者を軒並み訪問して面接し、過去の因縁話を掘起して自己の精神的な分化の過程に与えた情緒的影響の「ルーツ探し」をするなど、大胆な試みを展開した家族療法的カウンセリングの開拓者の一人である。

ボーエンは、自然界に共通してみられる、個別化と集団的な一体化が相互に拮抗する勢力バランスに基づいて、家族システム論を体系化した。まず、個人の理性機能と情緒的機能の間の分化が十分に達成されているかどうかが重視される。それに関連して、個人が家族集団から分化しているか、それとも融合しているかが問題にされる。個別化が不十分で、家族集団に融合してしまっている個人は不安をかかえるとの前提に立つ。さらに、両親が不安をかかえていれば、母と子が情緒的に未分化のままで一体化した状態が生じる。つまり、子どもがいくつになっても、情緒面での母子分離ができないままにとどまることを意味する。

こうして、親世代の夫婦間の不安が次の世代に伝達される。そこで、ボーエン派の家族療法的カウンセリングの目標は、個別化と自立性の促進に向けられることになる。また、ボーエンの集団過程論は、三角関係の概念を中心に展開される。ボーエン理論は、他のシステム理論とは独立した独自の体系をもつために、その習得には一〇年以上の訓練を受ける必要があるとされている（とくに、カウンセラー自身の原家族からの情緒的分化には長年月を要するからである）。システムを重視するにもかかわらず、ボーエン理論の基本的概念の多くが、精神分析理論のそれに類似しているために、個人療法的発想から抜け出ていないとの批判を受けていた。しかし、ボーエンの死を契機に、むしろその独自性を再評価する声が高まっている（カー、M・とボーエン、M・、二〇〇一）。精神分析的な立場のカウンセリングに興味がある読者にとっては、この学派の理論がもっともなじみやすいものであろう。

戦略学派の理論

ヘイリー（Haley, J.）が中心になって築いた家族療法的カウンセリングの理論体系であり、系譜としてはコミュニケーション研究やコミュニケーション理論の延長線上に位置付けられている。この理論では、家族が現在悩んでいる問題をすみやかにかつ効果的に解決することを目的とする。そのため、「人間的成長」などのように長期に渡る目標設定を避け、実用的で現実的な問題解決を目指した治療的介入を優先する。ヘイリーは、マダネス（Madanes, C.）とともに、催眠療法家のM・エリクソン（Erickson, M.）に端を発する逆説的介入法を活用し、その他にも独創的な戦略的技法を開発している。

ミラノ学派の理論

セルヴィニ－パラツォーリ（Selvini-Palazzoli, M.）らのミラノ派は、戦略派やコミュニケーション派の影響を受けつつも、イタリアで独自の理論を展開し、近年では国際的な評価を高めている。また、彼らはベイトソンのシステム論的認識論を最も忠実に、臨床的文脈に持ち込んだ学派として、「システミック派」とも称されている。この理論に立脚する家族療法的カウンセラーは、症状や問題行動を個人の異常や障害という視点からではなく、あくまでも家族システムの視点から理解しようと努める。この新たな枠組みから、個々の症状を注意深くとらえ、解読して行けば、そこに肯定的な意味づけが浮上してくる。

心理的な問題を抱えた家族システムは、症状をかなめとして家族関係の平衡を維持しているという理解に立つ。言葉を変えれば、症状のおかげで家族は心理的な崩壊を免れているというわけである。症状や問題行動の持つ役割をきわめて逆説的に理解し、それを最大限に活用している。例えば、あまり仲の良くない夫婦も、子どもの具合が悪ければ互いの不満をぶつけることを、多少は控えざるをえないだろうし、身勝手な行動が目だっていた兄弟もあまりはめをはずさなくなる効果を持っている。このような家族システムにあっては、個人療法的働きかけによって、子どもの症状や問題が急激に消失した場合、不都合なことには、かなめを失った家族システムが不安定になり、むしろ両親間の不和が表面化して別居や離婚の事態にさえ陥る事例も数多く報告されている。

そこで、この学派では、症状や問題行動を単に否定的で有害なものとして除去することだけを考えず、家族システムの平衡維持における肯定的役割を積極的に認め、家族に対しても現状維持を勧めるメッセージを与える。いうまでもなく、家族は子供の問題が消失することを期待して来談している。したがって、現状維持を勧めるカウンセラーの意図や、「逆説的メッセージ」に対して家族が困惑するのは当然である。しかし、その動揺こそが、固定し、繰り返されてきた家族交流の悪循環を壊し、新たな家族システムの再編を促すきっかけになる。この学派の特徴となっている逆説的メッセージは、禅の「公案」になぞらえられて説明されることもある。

構造学派の理論

ミニューチン（Minuchin, S.）を中心に発展したグループの理論である。それぞれの家族の文化に、カウンセラー自身が積極的に溶け込む「ジョイニング」の過程を重視する。家族内のサブシステムの境界に働きかけ、その構造変革をうながすところに特徴がある。ミニューチンは、とくに母子の共生的サブシステムを解体して、新たに両親の間に連合関係（これを両親連合と呼ぶ）を作りあげることが、問題解決に有効だと主張している。

この理論では、カウンセラーが目指す家族システムの構造特性がかなり明確に規定されている。つまり、親は子どもとの世代的な差異を十分に自覚しており、けっして子どもと友達のような関係を結ぶことをしない。両親は適切な連合関係を築き、子育てにあたっている。また、兄弟間にも出生順位もしくは年齢差に応じた階層関係が認められ、弟や妹が姉あるいは兄をしのぐような役割を演じることは適切ではないとされる。つまり、兄は兄らしく、弟は弟らしくふるまうことがもとめられる。

ある意味では、ここに想定された家族構造は、伝統的な家族像と一致するものであり、単親家族などの非通例的な家族形態がむしろ優勢となりつつある現代の家族の実態にはそぐわない面もある。しかし、逆に現状がそうであればこそ、理念的な家族像が明確な援助目標とイメージを、カウンセラーに提供しているとも考えられる。また、最近では構造派自体も多様な家族形態に応じた理論や技法の修正に努め、とりわけフェミニストの立場に立つカウンセラーからの批判に積極的に応えようとしている（ミニューチン他、二〇〇〇）。

行動学派の理論

行動療法の原理を使って、夫婦や家族がかかえる心理的な問題を解決しようとするアプローチであるが、システム論を取り入れて家族の相互作用そのものに援助的介入を試みるカウンセラーも登場しつつある。その方法は、巧妙な指示によって家族員の相互作用に働きかけ、家族の機能を向上させようとするものであるが、具体的には変化への意欲を促進する援助段階と特定の変化への教育段階とが区別されている。

さらに、最近では認知行動療法の原理を用いた夫婦・家族療法的カウンセリングも発展しつつある。この立場では、イメージの役割が重要視され、アサーション訓練なども取り入れられている。

社会的ネットワーク学派の理論

核家族を、それを取り巻くネットワーク・システムやコミュニティのサブシステムとして理解し、援助する立場である。核家族内部の相互作用のほかに、拡大家族、親類、友人、宗教家、職場の同僚、隣人など、ＩＰとの感情的相互作用のある人々との関係を統合的に考察してシステムを分析し、具体的な介入の戦略を立てるところに特徴がある。本理論の基盤には、生態学的モデルがあり、個々の家族に及ぼす生態システムの影響や、両者の相互作用に細心の注意を払う。したがって、家族からの情報入手や面接室内での治療的介入だけに留まらず、家族が生活する生態システムの社会的資源を最大限に活用しようとするアプローチだともいえる。

ナラティヴ（物語）学派の理論

ナラティヴ学派、あるいは物語学派とも呼ばれる。オーストラリアのホワイト（White, M.）らによって創始された新しいアプローチである。人が現実と信じているものは、実は心理的に構成され、社会的に構築されたものだとする社会的構成主義の発想が理論的基盤となっている。人は、家族関係の中で体験をストーリー（物語）として構成しつつ、自分の人生の物語を作り上げている。この原理に立てば、クライエント家族が真実と信じている認知的枠組みやシナリオを書きかえる作業を、カウンセラーが援助する理論的根拠が理解できるだろう。この立場からすれば、家族療法的カウンセリングとは、それまで家族を支配していた問題のあるストーリーを、積極的な問題解決につながる代替的なストーリーに書きかえることを手助けすることにほかならない。

統合理論

欧米では一九七〇年代までに前述した各種の理論モデルが提出されたが、一九八〇年代に入ってそれらの諸理論を統合しようとする試みが始まった。ここでも、システム理論あるいはシステム思考が、統合化のかなめの役割を果たしていることは間違いない。また、この潮流は家族療法的カウンセリングの枠内に留まらず、心理力動的カウンセリングや認知行動療法的カウンセリングとの統合の可能性さえ示唆している(ワクテル・P、二〇〇二)。

わが国における家族療法的カウンセリングの展開

欧米に比べれば、わが国における家族療法的カウンセリングの歴史はまだ浅い。家族療法的カウンセリングが欧米で体系化しつつあった一九六〇年代や七〇年代にも、わが国では、ごく一部の専門家の関心を引く程度であった。しかし、八〇年代に入って、家族療法的カウンセリングに対する関心は一挙に高まりをみせた。当時、一〇余年の臨床経験を経ていた私は、八〇年代初頭にニューヨークで家族療法の訓練を受け、帰国後ただちに家族療法の実践と研究および後進の指導を始めた。その他にも数名の若手の精神科医や臨床心理学者が、アメリカで全盛期を迎えつつあったシステムズ・アプローチに基づく家族療法を学んで帰国し、各地で紹介を行うようになった（亀口、一九八四：亀口、二〇〇〇）。

さらに、ミニューチンやヘイリーなどの著名な家族療法家がぞくぞくと招聘され、ワークショップや研修会を通じて最新の家族療法の理論と技法が導入されるようになった。家族療法に対する心理臨床家の関心が高まったことにより、学会設立の動きが促進され、一九八四年には、日本家族心理学会および日本家族研究・家族療法学会があいついで発足した。その結果、八〇年代末には主要な家族療法的カウンセリングの理論と技法について、家族療法的カウンセリングを志向する心理臨床家の間では、ほぼ共通した理解が行き渡ったといえるのではないだろうか。ただし、それは家族療法的カウンセリングや短期療法を実践する心理臨床家の枠内に限定される傾向があり、その他の大多数の臨床心理士やカウンセラーには及んでいないのが現状である。しかし、二一世紀になって、児童虐待やDVなどのように家族関係に深くかかわった心理的問題が多発する社会状況を背景にして、家族療法的カウンセリングに対する期待がわが国でも一気に高まりつつあるといえるだろう（岡堂哲雄、一九九一：岡堂哲雄、二〇〇〇：平木典子、一九九八：中釜洋子、二〇〇一）。

4．家族療法的カウンセリングの基礎概念

以上、見てきたように一口に家族療法的カウンセリングといってもさまざまな理論的背景があり、初学者にとっては何を学習の柱において良いか選択に迷うことも少なくないはずである。そこで、次章の技法にすすむ前に、いずれの学派にも共通する基礎概念と基本原則について簡単に解説しておくことにしよう。

A. 家族療法的カウンセリングの基礎概念

円環的認識論

認識論とは、知識あるいは認識の起源、本質、方法、限界などを論及する哲学の一部門である。家族療法的カウンセリングの分野では、「パラダイム」とほぼ同じような意味合いで使われる。この領域に大きな影響をおよぼしてきたベイトソンによれば、認識論は、「特定の有機体、または有機体の集合体（システム）がどのようにものごとを知ったり、考えたり、決定したりするか」を探求することである。人間を例に取れば、個人や集団がどのように物事を知り、知っていることをどう考えるかを研究することである。つまり、人が認知の習慣を作り上げ、維持するようになることを認識する方法だといえる。同様の認識論的な点検の必要性は、わが国では「臨床の知」の主唱者として知られる哲学者の中村雄二郎（一九九二）によって提起されている。私も、彼らが主張する認識論的観点をカウンセリングの分野に積極的に導入し、カウンセラー自身が反省的にみずからの臨床業務の前提を根本から見直すことが大切だと考えている。この自己点検作業は、複数の人物がかかわる家族面接の特異性を理解し、家族や社会に対する説明責任を果たすためにも必須のものとなりつつある。

カウンセリングの対象となる家族を、バラバラな個人の寄せ集めではなく、ある固有の原理に基づく「人間的システム」とみれば、そのいかなる部分も、他の部分の機能を一方的にコントロールしているのではないことに気づくはずである。もし観察者が、そのような一方向的な直線的因果関係の枠組みで、問題や症状の発生を認識しているとすれば、その人物は見かけ上は直線的な因果の系列が、実はさらに大きな円環をなす因果系列のほんの一部でしかないことを見落としている、とベイトソンは主張した。

彼は、すべての生物界は原生動物から哺乳動物、社会システム、生物圏までの円環的な因果の環のつながりによって、またそれのみによって構成されるとも主張している。これが、円環的認識論と呼ばれるものであり、家族その他の組織集団システムにおける相互作用が、非直線的で円環的な性質を持つことを表現している。これらのシステムでは、ある人物の行動が次の人の行動に影響を及ぼし、さらにそれが第三の人物に影響を及ぼす…というように、順繰りに最初の人の行動に影響を及ぼすことになっていく。まさに、「風が吹けば桶屋がもうかる」式の世界である（図1－1を参照）。

いわゆる「母原病論」は、典型的な直線的因果律に基づく病因論であるが、これに

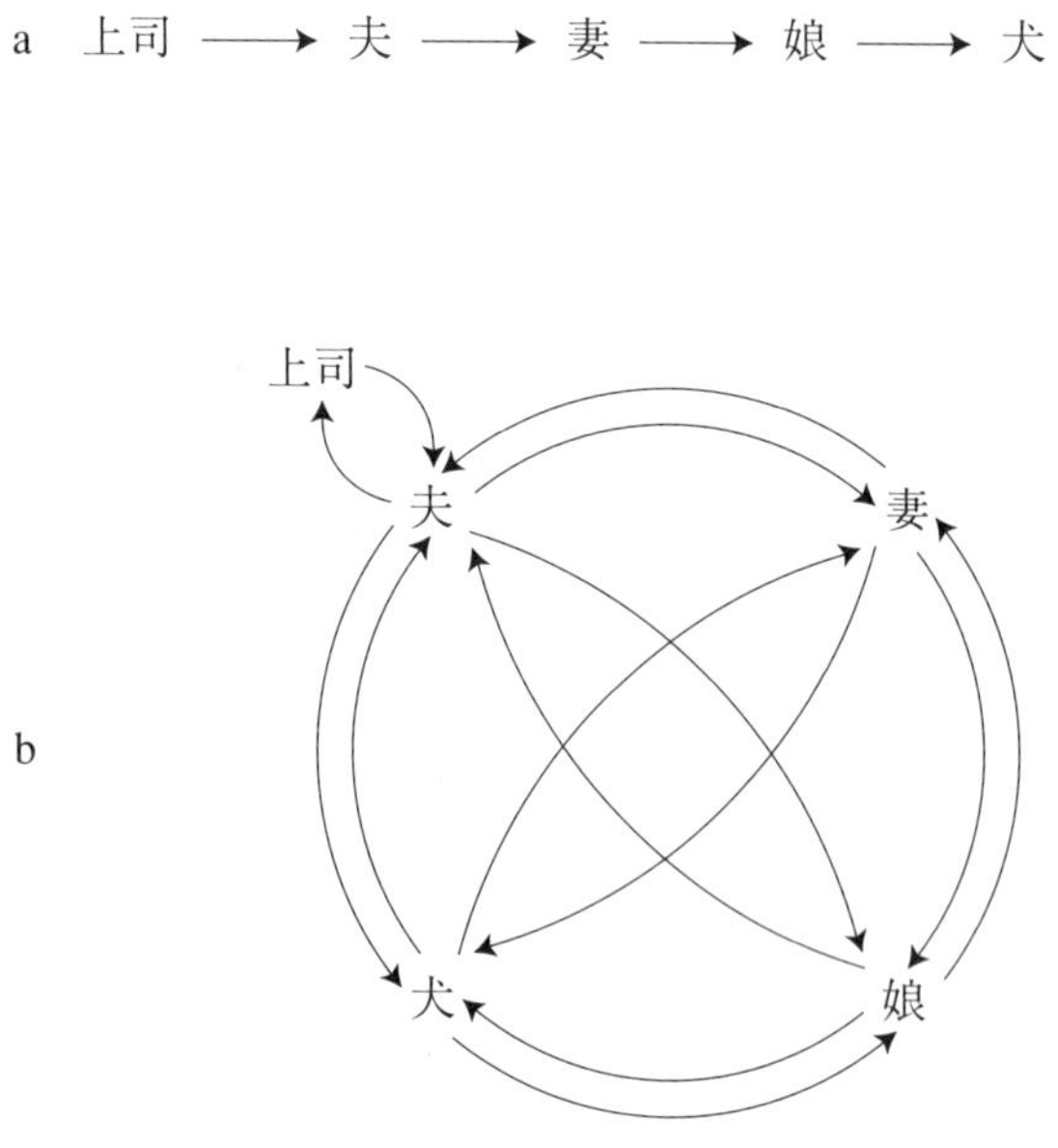

図１－１　行動の連鎖反応
（aは直線的因果律、bは円環的因果律）

類した臨床的認識論は枚挙にいとまがないほどである。家族療法の理論家として知られるデル（Dell, P.）は、家族療法の諸理論を検討するに当たって、ベイトソンの円環的認識論を忠実に用いたことで知られている。彼によれば、家族療法的カウンセラーはホメオスタシス（動的平衡）の概念に依存しすぎる傾向がある。たとえば、「家族には症状が必要だ」とか、「症状は家族の動的平衡の維持に役立つ」などといった主張である。この種の表現には、システムのある部分（症状）と他の部分（家族）との間の二項対立（二元論）を想定している。

たとえば、両親が自分たち夫婦の決定的な対立を避けるために、子どもの問題を「利用している」と、一面的にのみ解釈することは適切ではない。当のその青年が家を離れねばならない危険から自己を防衛するために両親の過保護な養育態度を利用しているとも考えられる。また、その問題がなくなれば、母親（嫁）と夫の母親（姑）との間に何のつながりも無くなるかもしれない。あるいは、その問題のために頼り甲斐のある年長の兄が、家に引き止められているとも、さらに、問題をかかえた青年が母親の最良の慰め役だとも考えられる。

このように、家族関係における因果の矢は、決して一方向にだけ向かうのではなく、視点を転じれば、あらゆる方向に向かっており、ある時間を経過すると相互に円環をなして始点に戻る性質がある。これは、家族という集団が他とは異なり、生存に直結する相互依存の側面を強く有していることと無縁ではない。したがって、家族関係の問題を直接に扱う家族療法的カウンセリングにとって、円環的認識論は特殊レンズのような役割を果たしているのである。

家族境界

家族システムやその内部のサブシステムを区切るための抽象的な概念である。これは、家族成員がたがいにどのように関わり、どのような仕方で相互に作用しているか、空間的な関係として規定するために用いられる。誰と誰がどのシステム内でどのようにふるまうかを規定する「隠れたルール」によって、おのおのの境界は設定される。境界や境界が規定するサブシステムは、時とともに変化し、外的な状況によっても影響を受け、変化する。境界の特徴としては、硬いか柔らかいか、曖昧か閉鎖的、あるいは開放的か、などの分類がなされる。

サブシステムの間の境界が明瞭な家族は、いわゆる正常に機能している家族とみなされる。たとえば、両親サブシステムと子どもサブシステムの間の世代間境界が明瞭な場合などである。ただし、両サブシステムの間のコミュニケーションは断絶せず、十分に維持されていることが前提とされる。境界の曖昧な家族は、あらゆる問題に関して、すべての成員が引きずり込まれてしまう傾向があり、混乱が生じやすい。後者の特徴をもつ家族は、「もつれ家族」と呼ばれる。

たとえば、心身症の子どもが小康状態にある時に、「どうして、お父さんとお母さんの寝室は別なの？」と、母親に尋ねたとする。母親は、「あなたの看護をするためよ」と応えるだろう。もつれ家族では、家族内での情報があいまいで過多なために、かえって混乱状態に陥りやすいのである。

逆に境界が極度に硬い場合には、「遊離家族」と呼ばれ、家族は互いを支え合うことをしない。むしろ、家族外に自分を心理的に支えてくれる人物を求めることが多い。もつれ家族の心身症に対し、遊離家族では非行が多く見られる傾向にあるといわれている。これは、家族内で情緒的に満たされることが少ないために、家庭外の非行グループ等で擬似的な家族関係を形成し、かりそめの所属の安定感を得ようとするからであろう。ミニューチンによれば、家族境界の差異は質的なものではなく、程度の差なのである。

境界についてはもう一つの機能的な障害を想定することができる。図1－2aに示すような機能的な家族構造では、境界によってそれぞれのサブシステムの機能を保っ

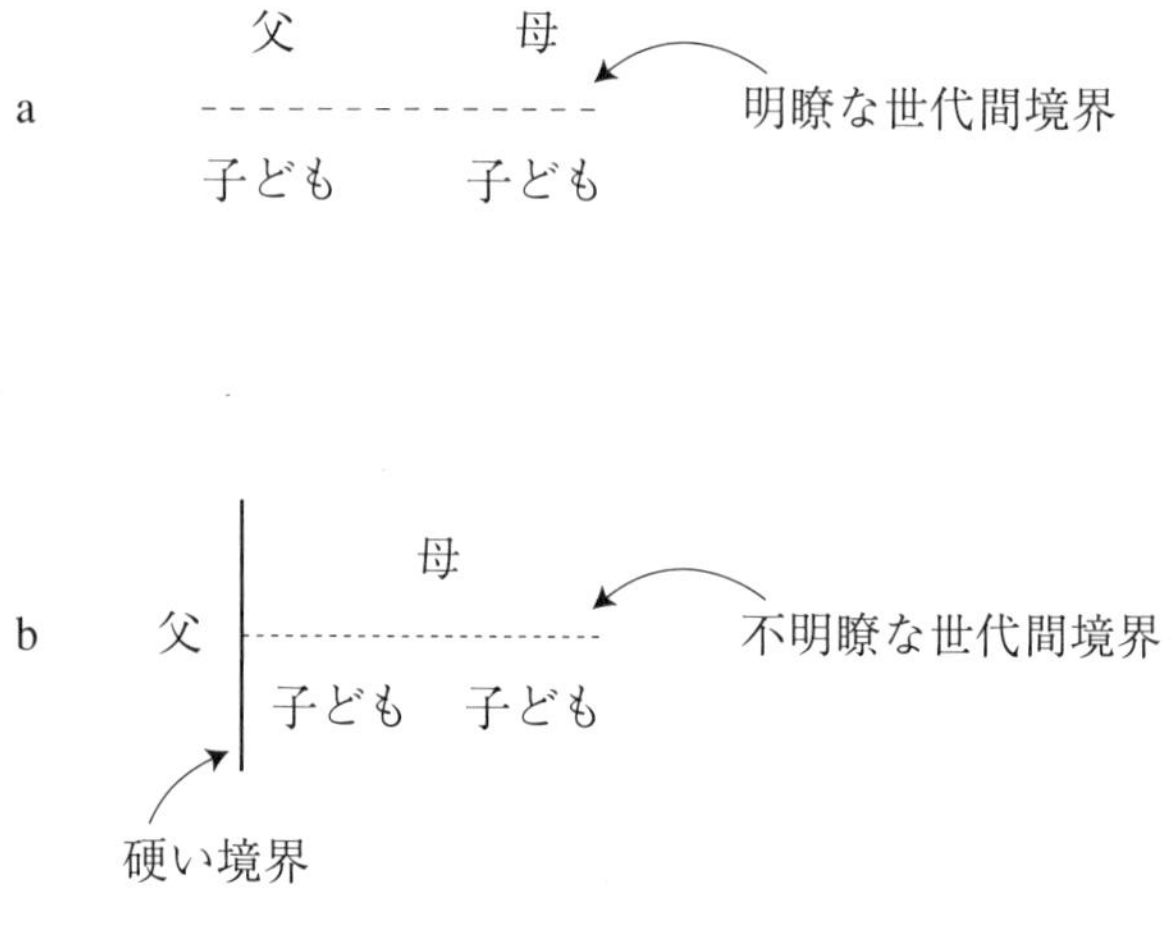

図１－２　家族境界の機能
（aは機能的、bは非機能的）

ている。しかし、図１－２ｂのように、子が父親の代行をする場合には、非機能的となり、問題を生じやすくなる。

サイバネティックス

一九四〇年代に登場し、生命現象を含むあらゆるシステムの制御理論として発展してきたサイバネティックスでは、フィードバックやホメオスタシスなどの概念が多用される。日常的な例としては、サーモスタットによる温度の自動調節が知られている。このような自動調節の仕組みを「負のフィードバック」と呼ぶ。負のフィードバックにより維持される安定状態が、ホメオスタシスである。

家族システムを理解するにあたって、ホメオスタシスの概念がどのように使われるかを見てみよう。たとえば、夫が支配的で妻が従属的な夫婦関係である場合に、子どもが何らかの問題を起こすことで、密かに母親の味方をすることがある。つまり、それによって子どもの問題については妻が主導権を握ることになり、支配的な夫も一段下に降りることになるからである。しかし、夫婦関係のシーソーが妻側で上がりすぎれば、夫は危機感を感じて妻を押し下げ始めるだろう。そうなると、子どもがまた問題を生じさせ、母親に加担せざるを得なくなる状況が生まれる。

夫婦の争いが公然のものとなっている家族システムでは、子どもが症状を呈することで、その争いが阻止される。夫婦喧嘩が始まると、子どもがいつも喘息やアトピーなどの症状を悪化させ、両親は心配のあまり協力して対処せざるをえなくなり、結果的に夫婦の争いは一時的にでも停止することになる。しかし、当事者である家族自体は、自分たちがそのようなホメオスタティックなシーソーに乗っているという自覚を持つことは少ない。結果的に、問題を抱えた家族が、同じような行動の連鎖を延々と続けていることも、けっして少なくないのである。

異質同形性（アイソモルフィズム）

一般的には、性質を異にしながらも、外見的には同じような形を示すことを意味する。分かりやすい例を挙げれば、親子の外見が良く似た特徴をもつことや、入れ子構造のように、全体と部分が相似的な関係にあることなどをさす。また、部分と部分の関係を記述する場合にも使われる。カウンセラーが、問題を抱えた子どもを含む兄弟の争いが両親の夫婦げんかのパターンに似ていることに着目する際にも、この概念は役に立つ。さらに、複雑系の科学で重要視される「フラクタル構造」の原理とも結びつけて理解することができる。

家族の日常生活で繰り返される交流は、家族成員の心理過程を反復しているが、その過程自体が家族関係の心理構造を反映したかたちで反復していると考えられている。これも、ある種の入れ子構造となっているのである。したがって、面接場面での家族間のささいなやり取りの中にも、家族の全体的な心理構造の本質的部分をつかむ手がかりが潜んでいる。ベテランの家族療法的カウンセラーは、そのわずかな手がかりを見逃さない。たとえば、初回の面接で、面接室の入り口にもっとも近い席に誰が座るか、どのようにして互いの座る席が決定されるのか、といったささいに見える交流のパターンの特徴は、実は家族の関係構造やルールのそれと「同形」である場合がきわめて多いからである。そのパターンを瞬時につかみとることによって、同席する複数の家族成員が連続的かつ多方向に作り出す相互作用の渦に、いたずらに巻き込まれずにすむのである。

肯定的意味づけ

この臨床的な概念は、ミラノ派家族療法の最も独創的な発明のひとつとされている。当初、ミラノ派のカウンセラーは、摂食障害などの重い症状を直接に取り除こうとせず、逆説的な処方として症状的行動をそのまま維持させるように家族に勧めた。しかし、そうするにはそれなりの理由づけが必要だと考えた。なぜなら、症状の改善を望んで来所した家族を相手して、カウンセラーが正当な理由もなく、症状を維持させるような指示を出すことは、自己矛盾になるからである。そこで彼らは、この種の援助的介入が理にかなっていると十分に納得してもらえるように、家族状況のリフレーミング（第二章で詳述する）が必要だと考えた。つまり、家族を相手にする場合の説明と同意（インフォームド・コンセント）の必須要素として、リフレーミングを位置づけたのである。

たとえば、患者の症状が家族から必要とされているように見える状況があったとする。これは、心理力動的カウンセリングでおなじみの「疾病利得」の仕組みと同じ解釈によるものである。しかし、それでは残りの家族が責めを負うことになってしまう。この難問を解くためには、その症状に関係する家族成員のすべての行動を肯定的に意味づけねばならない。そこで、それをメッセージとして、家族に直接に伝える方法をとることにしたのである。

この種の介入は一時的な効果しかないこともあるが、時には永続的に家族パターンを変化させることもある。少なくとも、家族がカウンセラーに対して示す共同戦線や口裏を合わせた話を撃退できるという利点がある。家族のひとりが怒りを示せば、他の者は当惑し、あるいは「良く分かりました」と応答する家族員も出てくる。

家族によっては、逆転現象も現れ、一番悩んでいた子どもが陽気になったり、見た目には一番強かったはずの子どもが泣き出したりすることもある。また、水面下に隠れていた両親の関係の問題が浮かび上がり、焦点化されることによって、家族内の情緒的システムに本質的な変化が生じてくる。このようなさまざまな変化をカウンセラーが家族に適切にフィードバックすることで、家族システムが構造的に変化し、問題解決が達成される。

具体例を提示しよう。祖父の死後、学校不適応に陥った八歳の少年の事例である。彼は、小さな老人の真似をするようになり、父親と歩いている時にも、祖父が跡をつけてくると言い張るようになった。カウンセラーは、少年につぎのように言った。「君にとって、おじいちゃんは君の家の大黒柱のようなものだったということが分かった。おじいちゃんがいなければ、何か良くないことが起こりそうで心配なんだね。それで、君はおじいちゃんの代わりをしてるんだろうね。たぶん、君は家族のバランスが壊れるのが恐いんだろうね。じゃあ、この次までおじいちゃんの代わりをして、何も変わらないようにしていてちょうだいね」

この指示は、直接には八歳の男の子に向けて出されたものであるが、同席している両親や他の兄弟がそのやりとりを見ていることに注目する必要がある。つまり、この回以降は、家庭でこの子が老人の真似をしたとしても、それは奇異で病理的な意味合いを持つ症状や問題行動としてではなく、亡き祖父を慕う家族愛の発露として、あるいはカウンセラーの指示にしたがった従順な行動として「肯定的に」意味づけられることになる。それによって、否定的な見方が支配的であった家族内の雰囲気が、肯定的で楽観的なものに変化するきっかけとなっていく。

ある特定の個人の病理的、あるいは異常とみなされる言動を取り除くことよりも、むしろ、そこに隠れたあるいは無意識的な肯定的意味に家族が気づくことによって、問題解決に向けた協働作業へと向かう転機、あるいは家庭の雰囲気の変化を作り出すのである。

逆説的処方

これは、パラドックス（逆説）を家族病理の発生因としてみるのではなく、むしろ、悪循環に陥っている家族を救い出す有効な手段として用いる考え方からあみ出された臨床の知である。クライエントの症状行動が、家族にとっては副次的な利得になっていることを明らかにし、それを必要としない状態への変化が期待できることをにおわせるものである。

具体例を示そう。一二歳の男子の夜尿が、あらゆる治療手段を用いても改善できなかった。カウンセラーはそれまでいかなる指示も実行に移さず、常に「この次はやります」という言い訳をしていた父親に、今度こそは実行することを約束させた。そこで、次のような逆説的処方を与えた。「毎晩大きなコップに満たした水を息子に飲ませてから寝室に連れて行き、ベッドに入って意図的に排尿させ、濡れたベッドで寝るように指示する」。これを父親は一週間毎晩続けねばならなかった。しかも、濡れたシーツの後始末は父親がすることになっていた。

一週間後に家族は来談し、父親がその間の報告をした。父親は毎晩息子にその苦行を強いることにとても悩み、数回実行しようとして息子の抵抗にあった。そこで、父親はカウンセラーが本当は自分にその課題を実行させようとしたのではなかったことに気づいた。カウンセラーは、父親が本気で息子の問題に取り組む姿勢を見せることを望んでいたにすぎない。その意図を理解できた父親は、つぎの週末をつぶして息子と語り合った。それ以後、息子の夜尿は急速に改善した。

生態システム論

家族システムを必要に応じて開放し、また支えるような健康維持のシステムをどのように構築すればよいか、あるいは近隣社会のシステムをどのように再構築すればよいかなどの課題に直面したときに有益な理論である。

学問的母体となる生態学は、現在では人間の生態とそれを取り巻く環境の相互関係を研究する科学として、他の専門領域にも影響力をひろげつつある。生態学の目標は、生命体それ自身が、固定した環境の中で存在し続けているのではなく、生態システムとして存在しており、すべての生態が相互に支え合い、しかも自然環境との相互作用の中で存続していることを解明することである。

家族療法的カウンセリングは、狭義の家族システムにだけ視野を限定せず、それを取り巻く生態システムとの関連にもにらみを利かせる必要があるとされている。カウンセラーが生態システム論を尊重しながら実践を行えば、少なくとも問題に関係をもつ周囲の存在、援助の場、職場、コミュニティを視野に入れるようになる。そのような心理臨床的取り組みは、認識論的に見れば、従来の科学的手法を否定するほどの大転換でもある。

オートポイエーシス

この概念は、システム論に基礎を置く家族療法的カウンセリングの理論的基盤をなす諸概念のなかでも最新のものである。生物学者であるマトゥラーナ（Maturana, H.）やヴァレラ（Varela, F.）によって提唱された考えかたであり、一九九〇年代以降多くの家族療法的カウンセラーの注目を集めつつある。

オートポイエーシスとは、連続的に自らを生み出し続けるネットワークのことである。したがって、その作動が止まれば、システム自体が消滅することを前提としている。携帯電話を握り締めて、時と場所を選ばず、見えない相手（時には見ず知らずの相手も含む）との交信を続ける現代の若者の姿は、まさにこれにほかならない。

オートポイエーシスは、システムを外側からではなく、内側から記述する科学的な試みである。思考や表象は絶えず現れては消え、消えては現れる。川の流れや気象の変化にもたとえられる意識や感情を構成要素として、連続的に生み出しつづける仕組みが心的システムである。社会システムは、コミュニケーションを構成要素とする。家族システムが、オートポイエーシス的であるといえるのは、家庭内に繰り返し起こるコミュニケーション・パターンが、小さな規則に基づいて継続的につむぎだされているからである。

オートポイエーシス理論は、社会構成主義と同様に、最新の家族療法的アプローチである物語療法（ナラティヴ・セラピー）の理論的支柱となっている。家族によってつむぎだされるコミュニケーションの産物は、時とともに消え去るだけでなく、家族の物語として各家族成員の心の中に記憶され、その一部として組み込まれ、生きつづける。この立場をとるカウンセラーは、いわば編集者のような役回りをとって、行き詰った家族の物語をよみがえらせようと努める。

B. 家族療法的カウンセリングの基本原則

本書は、家族療法そのものの入門書ではなく、あくまでもカウンセリングを学ぶことを目的とした学習者に向けて、二一世紀の心理カウンセラーに必要とされる「家族療法的カウンセリング」を紹介する目的で書かれたものである。そこで、前述した家族療法各学派の個性的な発展過程を包摂し、それらに共通する基礎概念を踏まえた上で、初学者が押さえておくべき家族療法的カウンセリングの基本原則を、以下にまとめておくことにしよう（Nichols, 1996）。

① 関係システムとしてのクライエント理解

カウンセラーは、意識する場合もそうでない場合も、あるいは一人の家族成員を相手にしている場合も家族全員を相手にしている場合も、関係システムの中に存在する「個人」に影響を与え、同時に関係システムとしての家族全体に影響を与える。そこで、家族システムを視野に入れたカウンセリングでは、多少の問題があったとしても、クライエントがそれなりに生活していけるように、家族の新たな自己組織化を促すきっかけを見つけ出すことを目標とする。

クライエントへの敬意をこめた対応

② クライエントを、協働して問題解決にあたる人物として位置づける。したがって、面接過程においても、自己決定の権利を行使することを練習するように励ます。この過程で、カウンセラーは、クライエントの権利行使、児童虐待や配偶者虐待などの事例で迅速で適切な判断を求められることもある。

③ クライエント家族との関係作り

問題を直接かかえているクライエントだけでなく、同席している家族全員との関係作りに配慮する。これまで、カウンセリングを個人面接の枠組みで理解してきた読者にとって、この課題は難しいと感じられるかもしれない。しかし、個人面接を行うカウンセラーも、実際にはクライエントの心の全体性を重視するために、その構成要素である「内なる母親像」、「内なる父親像」、あるいは「イド」、「自我」、「超自我」などに偏らない関心を向けていく。それは、けっして単純で容易な作業ではない。その点では、複数の家族成員を相手に同席で面接を行う家族療法的カウンセリングも同じである。ただし、その質に違いがあるのはいうまでもない。

④　クライエント家族への直接・間接の介入

家族療法に対する誤解には、面接場面での直接的な介入に対する強い拒否感が入り混じっているようだ。とりわけ、ロジャースの影響を強く受けたカウンセラーには、その傾向が顕著に認められる。そのような人物にとっては、「介入」という言葉は、「操作」と同じ意味合いを持って受け止められている。カウンセリングでそのようなことをしようとすることそのものが、あたかも、「人の心をもてあそび、操る」悪魔のごとき仕業と写るのだろう。家族療法的カウンセリングでは、人はそのようにカウンセラーによって意のままに操れるような存在でもなく、また少々の介入で家族の複雑に入り組んだ関係を修復できるなどとは考えない。それができるとすれば、クライエントや家族がそれを望み、またカウンセラーに積極的に協力した場合に限られる。したがって、直接的介入よりも、間接的介入によってクライエントや家族が、みずからの自己変革に乗り出すきっかけを提供することの方が、ずっと効果的だと考えられている。

⑤　クライエント家族が変化することへの責任

家族療法のいくつかの技法が効を奏し、時にわずか数回の面接で劇的な効果をあげることもある。そのために、無用な誤解も、また過剰な期待も生まれる。家族療法的カウンセリングの基本的な原則は、「システムの急激な変化は、それが個人であれ、家族であれ、必ず副作用を伴う」という理解に立っている。したがって、クライエント個人に急激な症状の消失や問題の改善が生じたとすれば、家族の他の成員や関係に何らかの問題や新たな危機が生じるかもしれないと予測し、その対応策を考える。逆に、慢性化していた家族の関係に変化が生じた場合には、急速にクライエントの問題が軽減することもある。つまり、家族関係の移行期には、カウンセラーの技量とかかわりなく、変化が生じることもある。ベテランのカウンセラーには、この変化のタイミングを見はからいながら、面接を進めていく眼力が備わっているといえるだろう。残念ながら、このタイミングを見る技の詳細を文章化することは難しい。ある意味では、失敗を重ねるしか方法はないとも言える。カウンセラーの失敗し、自ら傷ついた痛みの体験こそが、クライエントと家族の変化に対する責任感を生み出しているようにも感じられる。

⑥ クライエント家族への動機づけ

家族療法的カウンセリングの実践を長年続けていくと、家族の動機づけがさまざまに異なっていることを思い知らされる。家族全員の動機づけがぴたりとそろっているなどということの方が、むしろまれだといってよいだろう。個人主義がいきわたるほどに、その傾向は強まっている。個人主義が徹底しているアメリカで、最初に家族療法が発展してきたのは、偶然のできごとではない。わが国も確実にその後を追ってきた歴史的事実は、二一世紀の日本で家族療法的カウンセリングが必要とされる理論的根拠ともなっている。したがって、動機が異なる複数の成員を対象とするカウンセリングの手法を工夫することが大切になる。当然、構成的エンカウンターグループなどで開発されてきた諸技法は、十分に活用できる。現代家族こそ、いまや互いにかけがいのない人間存在として「出会い」を求めているのかもしれないからだ。

⑦　病理的理解の抑制

家族療法的カウンセリングでは、クライエントや家族の言動に対して、できるだけ病理的観点からの理解をしないように配慮する。その理由は、病理的理解がどれほど正確に達成できたとしても、それによってクライエント家族へのエンパワーメントが促進されることはなく、むしろ無力感や絶望感を助長し、カウンセラー自身がその呪縛から逃れられなくなるからである。場合によっては、病因を排除しようとする攻撃的感情にむすびつき、家族関係や夫婦関係を悪化させる要因にもなる。とりわけ、遺伝的素因のような問題がからむと、双方の祖父母世代を巻き込む深刻な対立にまで発展することがあるからだ。しかし、病理的理解を全面的に否定するものではないことに注意していただきたい。「病」が人生を振りかえる絶好の機会を与えたり、病人の存在が家族にそれまで忘れていた「優しいいたわりの感情」を思い出させたりする肯定的な役割もあることに注目する必要がある。ともかく、一面的なものごとの理解から離れ、多面的な視点を自由自在に取れることが、成功の鍵となる。

⑧　クライエント家族への心理教育

家族療法的カウンセリングの発展により、家族がかかえる心理的問題の発生を未然に防ぐ、あるいは早期に対応する予防的カウンセリングが可能になりつつある。その中心をなす取り組みが「心理教育的アプローチ」と呼ばれるものであり、学校教育、看護、福祉、矯正といった多くの分野で、盛んになりつつある。もともと、統合失調症などの精神症状を抱えた患者の家族を対象として開発されたものであったが、現在ではＨＩＶへの予防的対応や不登校家族、あるいは子育て支援、児童虐待・ＤＶなどの社会的問題への効果的対応としても注目されつつある。家族療法的カウンセリングの理論と技法は複数の家族を対象として、地域社会のさまざまな資源を活用することで、さらにその威力を増しつつある。

⑨　ジェンダーと文化的背景への配慮

家族療法的カウンセリングを実践するうえで、ジェンダーと文化的背景に対して適切な配慮ができるかいなかは、きわめて重要な要素となりつつある。この問題についてのカウンセラーの感受性をどのように育成するかが、今後のカウンセラー養成の大きな課題ともなっている。さらに、これは個人カウンセリング、集団カウンセリング、あるいはコミュニティ・アプローチを含め、カウンセリングのあらゆる形態を超えた共通のものとなりつつある。

第二章

家族療法的カウンセリングの技法

1．家族に溶け込む（ジョイニング技法）

家族療法のパイオニアの一人であるサルバドール・ミニューチンは、アルゼンチン出身の家族療法家である。彼は、国際的にもっとも著名な家族療法家のひとりであり、おそらく二一世紀においてもその影響力は持続するだろうとみられている。私自身も、彼のスーパーヴィジョンの事例をまとめた近著を翻訳したことを含め、大きな影響を受けている（ミニューチン他、二〇〇〇）。ミニューチンの家族療法の技法を特徴付ける要素は、彼の多彩な「人生経験」そのものによって生み出されたといえるだろう。

ミニューチンの父親は、ロシア系ユダヤ人の入植地を建設する移住運動に共鳴し、南米のアルゼンチンに移住した人物である。ミニューチンはシオニズム（ユダヤ人のパレスチナ復帰を目指す民族運動）を信奉し、学生時代には、時の軍事独裁政権のペロン打倒をめざす運動に加わり、逮捕・拘留された後に大学を追放された経歴を持っている。一九四八年のイスラエル独立戦争には軍医として加わり、その後、児童精神医学を学ぶために米国に渡った。しかし、当時すでに独自に家族療法を始めていた精神科医のアッカーマン（Ackerman, N.）にニューヨークで偶然に出会い、その紹介でユダヤ人保護委員会の仕事を手伝うことになった（両者はともに、ユダヤ系である）。同時に、児童心理学者のパトリシアと知り合い結婚した。新婚まもない二人は、建国されたばかりのイスラエルに戻り、世界中からやってきていた多くの孤児をキブツに定住させるプログラムの児童精神科医として働いた。

精神分析にも関心を持ち始めたミニューチンは一九五四年にニューヨークに戻り、ウイリアム・アランソン・ホワイト研究所で精神分析の訓練を受けた。やがて、市内の非行少年を収容するウイルトウィック教護院の精神科医となり、上司であるオーズワルド（Auerswald, E. H.）から「家族全体への働きかけが必要だ」ということを教えられた。一九五九年にはオーズワルドや所長のキング（King, C. H.）とともにワンサイドミラーを使ってチーム・アプローチを試みるようになった。まず、二人のセラピストが家族全員と会い、次にセラピストの一人が両親に、もう一人のセラピストが子どもたちに会い、そして最後に全員がまた集まって情報を交換し合うというものであった。

ミニューチンの家族療法の基礎はこの八年間の経験がもとになっているとされている。一九六五年にミニューチンはフィラデルフィアの児童相談所所長となるや、三年の歳月をかけてこの歴史ある児童相談所を家族療法に基盤をおく児童相談所に大転換させた。その後、カリフォルニアのＭＲＩで活躍していたヘイリーが加わり、家族カウンセリング研究所を開設した。ここで、地域社会の幅広い援助専門家に対する教育訓練を開始したのである。この時点で、本書の主題である家族療法的カウンセリングが実質的に誕生したと理解することもできそうだ。なぜなら、この研究所の設立の趣旨には、医療行為もしくはその類似行為に限定された「家族療法」の実践から、もっと広い適用を図る臨床心理行為あるいはカウンセリング実践としての「家族療法的カウンセリング」へ質的に転換する意図がこめられていたからである。

この児童相談所でミニューチンが達成した業績の中でもとりわけ有名なものは、拒食症をはじめ重度の摂食障害に対する効果的な技法を開発したことである。のちに構造的家族療法と称されるようになったいくつもの技法によって、拒食症の治療で八六％の成功率を報告するなど全米の心理療法界の注目を集めた。そのめざましい活躍によって、一般市民にも家族療法がひろく知られるようになったのである。ミニューチンらは、さらに肥満や喘息の子どものいる家族にも対象を広げ、この領域での技法も数多く開発している。

彼の興味・関心の幅は広く、なんと江戸時代初期に書かれた剣豪宮本武蔵の『五輪書』の愛読者としても知られている（ちなみに、ミニューチンが読んだ英訳本は一九七四年にニューヨークで出版されており、多くの欧米の知識人に読まれている)。私自身は、家族療法を実践し始めたばかりの八〇年代初期に、その著作を通じて彼が家族療法技法の奥義と『五輪書』の記述とを結びつけて論じていることを知っていた。しかし、まだ三〇代前半であった私の関心は、ミニューチンの治療スタイルには向いていなかった。むしろ、それとは対照的で、ベイトソン流のシステム論的認識論に忠実な、しかもクライエント家族に接近せず、つとめて距離をとる都会的でクールなミラノ派の技法の方に注がれていた。母国アルゼンチンで学生運動のあげくに投獄され、イスラエル建国戦争に軍医として加わり、さらには米国の大都市の荒廃したスラム街の多問題家族への支援活動に加わった体験の積み重ねを経て、彼がはじめて到達した境地に近づくには、当時の私は、いかにも未熟だった。

その後二〇年が経過し、私も五〇代半ばの年齢に達した。この段階にきて、宮本武蔵がその死の直前に書き残した『五輪書』に、なぜ文化的背景の異なるミニューチンが家族療法の奥義とつながるものを見出したのかが、私にもようやく少し理解できるようになってきた。そして、その真髄は、六〇数回といわれる真剣勝負で無敗を誇った「殺人剣」にあるのではなく、全国を流浪の果てに体得した「活人剣」の境地、つまり他者も自己も共に活かす技の修得にあったのである。

当時、すでに六〇歳近くになっていたミニューチンが著した技法書の冒頭で、彼は「自在であること」の重要性を説いている。そこには、対戦の相手と一体になり、「溶け込む」ことが、肝要であることを指摘した『五輪書』の下りが引用されている。残念ながら、わが国の家族療法家や家族療法的カウンセリングを実践するカウンセラーの中で、このような技法の奥義を理解している者は、きわめて少ない。

むろん、カウンセリングは「戦い」ではない。まして、カウンセラーがクライエントに勝つことが目的でもない。しかし、面接場面において困難な問題に直面し、どこにも解決の糸口を見いだせずにいるカウンセラーの心境は、まさに真剣勝負に似たのっぴきならない緊迫感に満ちている。強い葛藤をかかえた複数の家族成員が同席する面接では、カウンセラーが対立する家族のいずれかに引きずりこまれそうになることも少なくない。そうなれば、他の家族から反撃をくらうことは、明らかである。いつのまにか、家族の葛藤の渦に巻き込まれ、カウンセラーとしての役割を果たすことはできなくなる。

この状況にあたってカウンセラーが取る態度には、大きく分けるとふた通りあるようだ。一つは、あくまでも中立性を保ち、誰の味方もしない態度を取る。この態度は、ミラノ派に特徴的にみられるものである。他方は、果敢に家族に関わって、溶け込み、共に脱出口を探す態度を取る。むろん、後者の代表格がミニューチンであることはいうまでもない。ただし、彼にかぎらず、家族療法の多くのパイオニア達は、その積極性において同じような傾向を持っていたと私は理解している。

たとえば、アッカーマンやサティアも、驚くほど積極的に家族の感情の流れの中に飛び込んでいくスタイルを身につけていた。それは、わが国でよく知られた「クライエントの言葉をオウムのように繰り返すカウンセラー」像とは、恐ろしくかけ離れたものであることは、まちがいない。

したがって、初心者がいきなり後者のスタイルをまねて家族療法的カウンセリングを行うことは、現状ではあまりお勧めできない。当のクライエントや家族から反発を受けるだけではなく、同業のカウンセラーからの非難にさらされる危険性も高いからである。カウンセリングの教科書の中ではなく、現実世界を生きるカウンセラーは、クライエントや家族がそれぞれ特有の家族文化の衣をまとっているのと同様に、カウンセラー集団が作り上げた特有の「文化」に取り込まれた一員でもある。その影響を無視することはできない。まだなじみの少ない「家族療法的カウンセリング」という異文化を、カウンセリング業界に根づかせるためには、家族療法的カウンセラー自身が、わが国のカウンセリング業界の文化に「溶け込む」工夫や努力を重ねる必要がある。本書も、それを目的として書かれている。

その点で、ミニューチンと同様に「積極派」とみなされているサティアの臨床スタイルは、とても参考になる。七〇年代の、ミニューチンがまだ所長を務めていた頃のフィラデルフィア児童相談所では、ふたりの指導的な家族療法家が別々に、同じ家族を数日かけて面接するワークショップが開催されていた。その第一号が、バージニア・サティアだったのである。彼女は、再婚家族の面接をすることになった。父親とその最初の結婚でできた一八歳の娘は、二番目の妻や、その一六歳になる娘と暮らしていた。彼の一〇歳になる息子は、最初の妻と暮らしていた。ふたつの家族は、息子について意見が合わず、約一年間の治療的面接を受けていた。父親は、最初の妻が母親として不適格だと思っていたので、息子の親権を求めて法廷で争った。この法律上の争いのために、家族の中では辛らつな口論が続いていた。娘は、自分の母親と一年間も口をきかず、息子は、学校での深刻な問題をかかえていた。

サティアは面接に入ると家族全員と握手をしたのちに、ゆったりと腰を下ろした。それから、息子に黒板にジェノグラム（家系図）を書くように頼んだ。彼女は簡単な質問をして、自分の家族の話をした。「私はどうしてその名前を思い出せないのかしら」、「私が、こう感じるときは……」。数分もしないうちに、彼女は、家族が互いに自由に話せる開放的な雰囲気を作り上げた。明らかに、「みんなのお母さん」のようになったサティアは、家族全員の注意を引くように話を進め、やり取りの内容を追跡し、そのすべてについて友好的な口調で言葉を添えた。

彼女の関心は、最初のうちはとりとめのないもののようにみえたが、まもなく、家族から得た幾多の情報をひとつの「物語」にまとめあげた。彼女は、夫と二番目の妻に、二人の間にいざこざが生じるとどうなるか、その場で演じて見せてほしいと頼んだ。その様子を見た後で、彼女はふたつの家族造形を作って見せた。まず、息子に母親の膝のうえに座るように指示し、姉には弟の膝のうえに乗るように言った。サティアは、もう一方の組の側に座り、二番目の妻を夫のひざに座らせ、彼女の娘を妻のうえに座らせた。そして、彼女は息子に、一八歳の姉だけを母親の膝のうえに残し、その場を離れるように告げた。サティアは、ひとつの椅子を母親の横に置き、姉にそこに座るように指示した。そして、ふたりのそばにひざまずき、互いの恨みや裏切り、愛情、願いなどについて語り合うように励ました。共感、助言、そして指導を通じて、彼女は二人の女性に、どれだけお互いに寂しさを味わっていたかを表現させた。

サティアの面接は、とても暖かい雰囲気に満ちており、最初は無秩序に見えていた家族の関わりを、母と娘の和解にまで持っていく過程は、とても文章では伝えられない側面をもっている。サティアの面接の目標は、家族の間に「結びつき」を作り出すことだった。そのために、彼女は自分自身を「道具」として、積極的に使った。また、彼女は重い問題に打ちひしがれている家族に、肯定的で親密な感情を取り戻させるように働きかけた。

あまり知られていないことだが、ミニューチンの面接スタイルにも、やはりサティアの影響は及んでいる。ミニューチンは、よく誤解されるような単純な「武闘派」ではない。むしろ、六〇年代にヒューマニスティック・アプローチの旗手とみなされたサティアがそうであったように、自らを家族の葛藤の渦中にあえて身を投ずる勇気や熱意にあふれた臨床家だと理解すべきである。また、絶えず自らを臨床家として成長させ、変容させようとしている。前述したスーパーヴィジョンの事例集の中でも、自らに向けられた誤解や批判に対して、そのような傾向がまったく根拠のないものではなく、自分の面接スタイルに確かにあったことを率直に認め、八〇歳を越した現在もなお、自己変革しようと努力を続けている。その姿は、面接対象となる家族ばかりでなく、その援助に取り組む臨床家やカウンセラーにとっても、まさに「生きたモデル」となっているようだ。

2. 話を実演させる（実演化技法）

カウンセリングにおいて、「対話」の意義が尊重されることは言うまでもない。しかし、カウンセリングの普及とともに、その限界もしばしば指摘されるようになった。対話も万能ではないということだ。また、問題を抱えた家族ほど、対話することの効果に絶望感をいだいているものである。その無力感が、カウンセリングの面接場面にも持ち込まれやすい。カウンセラーとの対話すら、無益だと受け取られがちである。とりわけ、わが国のクライエントや家族は、面接場面でさえ、内面の感情について率直に発言することは難しい場合が少なくない。欧米とは、対話についての文化的な背景や前提条件がかなり異なっていることを、無視することはできない。ちなみに、わが国の学校にカウンセラーが配置されるようになったのは、わずか数年前からである。しかし、アメリカの学校では、すでに一〇〇年前からカウンセラーが配置され、生徒の相談に応じていたことを考えると、その文化的なギャップの大きさに改めて驚かされる。

このような状況にあって、対話に限定したカウンセリングの技法だけで、複数の家族成員を相手に面接を効果的に進めることがいかに困難であるかは、容易に想像していただけるだろう。このあたりにも、わが国で家族療法的なカウンセリングがこれまであまり普及しなかった要因が潜んでいるようだ。そこで、われわれは、この文化的な「壁」を乗り越えるための工夫や知恵を編み出さねばならない。その際にも、ミニューチンが遭遇した異文化体験と、数々の多問題家族との出会いがもたらした「現場の知恵」が、おおいに役に立つ。

それは、「実演化」と呼ばれる技法である。簡単に言ってしまえば、家族が陥っている問題状況や主訴を、特定の家族の説明によって理解しようとするのではなく、その場で直接に再現してもらうのである。つまり、配役としての家族がそこにそろっているのだから、そのままロールプレイをしてもらうことで、自分たちも問題の場面が再確認できるし、家族の日常については無知であったカウンセラーが、それを知る機会を得ることができる。一石二鳥の妙案である。このような発想が生まれた背景には、アルゼンチン出身のミニューチンの母国語がスペイン語であり、英語での会話に支障がなくはないことも影響していると、私は理解している。

つまり、彼は自分の言語的かつ、文化的な「ハンディキャップ」を見事に転換して、家族療法的カウンセリングの新技術を作りだした。実は、家族の葛藤の物語はたとえ無言劇であっても、あるいは知らない言語であっても、その内容自体は十分に聴衆に伝わる性質を持っている。これは、私自身が数年前に韓国で家族療法的カウンセリングのワークショップを指導した際に、実際に体験したことでもある。韓国人ばかりの参加者に家族のロールプレイをやってもらったのだが、通訳が日本語に訳す以前に、韓国語を解さない私にも、その家族の葛藤関係の骨格部分が、見ているだけでほぼ正確に理解できたのである。これは、なじみのない外国の映画を鑑賞するときに、たとえ字幕スーパーを読まずとも、その登場人物の間の関係やストーリーはおおよそ推測できることに、似ているかもしれない。

むしろ、通常の会話やカウンセリングでは言葉の内容にとらわれすぎることが多く、関係の文脈を見失いがちであることの弊害が、家族療法的カウンセリングの発展によって強調されるようになった。家族療法の初期の技法開発にあたって、催眠療法家のミルトン・エリクソンが大きな影響を及ぼしたことは、よく知られている。その要因の一つに、彼自身がポリオの後遺症をかかえた障害者としての重いハンディを乗り越え、クライエントの精密な行動観察と背景の文脈の理解から、巧妙な行動処方を編み出したことが指摘されている。ある意味では、逆境が知恵を生み出すのかもしれない。有効な技法の誕生にまつわる秘話を知ることによって、「ピンチはチャンス」という卑近なたとえも連想される。やはり、経験の浅いカウンセラーにとっても、このような話は救いになるだろう。

3.「問題」を肯定的にリフレーミングする

たとえば、結婚を目前に控えた若いカップルが、新居をどこに決めるかでもめている場合には、カウンセラーは「あなたがたの様子を見ていると、これから先もお互い安易な妥協をせず、とことん話し合っていこうとする熱意が感じられます」などと肯定的に言い換えることができる。これは、どちらがより正しいかという論点にとらわれず、視点を変えて二人とも強い「肯定的」感情を持っていることを認めるリフレーミングの実践例の一つである。とりわけ、極端な不安と怒りの状態にあるカップルを相手にしている場合には、積極的で肯定的なリフレーミングが必要になる（C. J. オリーリ、二〇〇二）。

カウンセラーが日常的に出会うことの多い不登校の事例などでは、次のようなリフレーミングを用いることも有効である。不登校の子どもを持つ親や、時にカウンセラーでさえも、問題としての登校・不登校にあまりに注意をひきつけられ、身動きが取れなくなっていることが多い。そのようなときには、問題の枠組みとしての学校から、不登校児の居場所としての「家庭」に視点を移すのである。さらに、そこで不登校児が果たしている肯定的な役割を見つけるように面接を進める。家庭での普段の様子を尋ねるうちに、意外な事実が判明することがある。たとえば、不登校児が飼っているペットの世話を熱心にしていたり、あるいは寝たきりの祖父母の話し相手になっていたりすることがある。そこで、カウンセラーは「家族のだれにもできないことを、君はすすんでやってくれているんだね。君がやっていることは大事なことだね」などと積極的に肯定する。つまり、学校から家庭に、主役であるクライエントが登場する舞台（フレーム）を切り替えるのである。失敗劇から成功劇への転換でもある。カウンセラーは家族とともに、その熱心な観客へと変身する。

リフレーミングを成功させるコツのひとつは、すでに達成できているクライエントの行動や隠れた役割に光を当てることである。それは、どんなにささやかなものであってもかまわない。家族をはじめとする関係者が、どれほど「絶望的」と思い込んでいる場合でも、どこかに例外や、「それほど悪くはない一瞬」はあるはずである。それが、たとえ数パーセントの確率であったとしても、「可能性」は可能性である。わずかな可能性の芽さえ見つけることができれば、人は「希望」を感じることができる。

最低限でも、希望の予感を感じるチャンスはあるはずだ。カウンセラーとは、そのチャンスに賭けを挑んでいく存在であろう。もし、クライエントや家族がわずかの可能性も信じることができないようであれば、カウンセラーはすすんで極小のチャンスに賭けを打つ。捨て身の戦法である。難しい事例では、カウンセラーにそのような構えが求められることは少なくない。

4. 円環的な質問を繰り返す

さまざまに発展してきた家族療法的カウンセリング技法の中で、私がもっとも独創性が高いと評価しているものがある。それが、円環的質問法ないし、円環的面接法と呼ばれるものである。これは、ミラノ派のセラピストが円環的認識論を十分に踏まえたうえで、実際の面接場面での具体的な手順として発展させた画期的な面接技法である。現在では、狭義のミラノ派にとどまらず、世界的な広がりを見せており、各国で独自の工夫がなされている。私も、独自の改良を試みてきた。

ここでは、一〇の有効な質問のポイントを紹介する。

① 鍵になる言葉や比喩的な表現に注目する

面接中にクライエントや家族が使った言葉の中で特定のもの（キーワード）に着目し、これを家族関係の特徴を示す表現に置き換えていく。

たとえば、娘が「お母さんは私の具合が悪くなるとすぐ自分を責めるようなことを言います」と言ったとする。そこで、カウンセラーは責めるという自責の念を表す言葉に着目し、それを自分の質問の中に織り込み、つぎのように問いかける。「では、お母さんが自分を責める時に、家族の誰が一番心配しますか？」

あるいは、母親が「うちは会話が少ないと思います」と言った場合には、「家族の中で一番話さないのは誰ですか？」と、質問することができる。

② 家族全員に、何が問題なのかを語ってもらう

できれば面接の早い段階で、カウンセラーは家族の皆に向けて、「今のあなたがた家族の問題は何ですか？」という質問を投げかけるようにする。こうすることで、それまで家族の誰もがそれぞれ、心の内では分かり切っているはずと思いこんでいた「問題」や「悩み」が、そもそも「何」であるかを再確認することになる。順に、各自が了解していた問題を定義していくうちに、その食い違いに気づくようになる。

場合によっては、夫婦や親子がそれぞれ「問題は相手にある」と主張することさえ、めずらしくはない。この事実を確認するだけでも、初回面接の目的は達成されたと同じである。つまり、面接への参加によって取り組もうとしている「問題」そのものの定義が、家族の間で食い違ったままでは、「解決」の見通しは暗いからである。

カウンセラーが、さまざまに異なった動機や隠れた意図をもって面接室にやってくる家族を相手に、このような単純ではあるが本質的な問いかけを、全員に平等にすることは、予想以上の効果をもたらす。家族の各員が自分なりに「問題」を定義することで、面接に臨む自分の立場を明らかにすることができる。さらに、カウンセラーが、各人の意向や希望を丁寧に聞き取ろうとする姿勢をみせることによって、公平で中立的な人物とみなされるようになるからだ。

③　現在の家族内の同盟関係

家族に問題を定義させた後では、つぎに現在の問題をめぐる家族内の同盟関係を明らかにしていく作業に進む。

「……（問題の発生）の時、誰があわてますか?」、あるいは「……（問題の発生）の時、誰が一番落ち込みますか?」といった質問によって、カウンセラーは受理面接に基づく仮説を確認・修正することができる。

④　問題が生じたときの行動連鎖の確認

特定の問題が起こったときに、家族成員がどのように行動するか、その順序を質問する。それによって家族の同盟関係やパターンを明らかにすることができる。

⑤　家族内の種々の関係を分類し、比較するための質問

・比較のための質問―「両親は、その後、仲が良くなりましたか？」
・分類のための質問―「今、母親と一番仲が良いのは誰ですか？次は誰？その次は誰？」
・両者を混合した質問の例―「以前の治療に誰が一番満足していましたか？次は誰？その次は誰？」

⑥　同意を求めるための質問

同意を求める質問によって、カウンセラーは同盟の強度や優先性をランクづけできる。たとえば、家族の誰かの発言を捕らえて、カウンセラーが「この意見に賛成

しますか」と尋ねる。言葉での明確な応答だけではなく、うなずきの「動作」や笑顔による同意にも注目する。それによって、母親が息子にもっとも親しさを示し、それから父親が祖母に、そして最後に二人の姉妹が互いに親しい、等の家族内の関係の特性が明らかになってくる。家族自身は、これらの同盟関係の存在に気づいていないことも多い。

⑦　面前でのうわさ話

さらに三角関係についての情報が必要な場合には、「面前でのうわさ話」と呼ばれる質問を行う。この質問は、家族の一人に他の二人の関係についての意見を求めることである。残りの成員についても順に、別の二人の関係についての質問をしていくことで、カウンセラーは公平性を保つように配慮する。

⑧下位システムについての質問

もし、母親が「問題は、私たち夫婦の間に会話がないことです」と言ったとすれば、夫婦のどちらが、子どもとの会話が多いか、どの子どもとの会話が最も多いかについて質問する。これによって、カウンセラーは、母子と父子の関係システムの違いを直接に確かめることができるだけでなく、家族成員もカウンセラーの質問に答えることで、家族内のコミュニケーションの偏りに直面することになる。ここで、互いの認識に多少ともズレがあることも明らかになる。そこで、カウンセラーは、単に偏りやズレがあることに注目するだけでなく、家族が認識を共有できたことに強調点をおく。そうすることで、互いの責任のなすりあいや批難が始まるかもしれない危険を、未然に防ぐことができる。

⑨説明を求める質問

「〜をどう説明しますか？」という質問法である。カウンセラーが、自分の見解や解釈を述べるのではなく、クライエントや家族に、それを求めることになる。この問いかけを各参加者に繰り返し、その差異や共通点を確認する。カウンセラーは、いわば座談会の司会役のような役割を務める。その際に、中高校生の子どもがいると、「別に……」と答えるか、無言のままでいることもある。しかし、それも立派な態度表明であり、親とは異なる「見解」として、カウンセラーが尊重する態度を示す効果は大きい。普通、家庭では、そのような子どもの態度は親からの批難の対象になることが多いが、カウンセラーの異なる対応によって、親子の間に見解の相違があることが「冷静に」認知されるからである。

⑩「もし～」で始まる質問

親子間、夫婦間、あるいは兄弟間に認められる見解の相違や対立をどのように解決すればよいか、カウンセラーにも判断がつかない場合は少なくない。しかし、苦悩する家族にとって、専門家であるカウンセラーに対して、何とか事態を好転させてほしいと期待するのも当然であろう。そこで、カウンセラーは、「もし、○○の問題がなくなったら、あなた方の関係はどのようになるでしょうか？」、あるいは「もし、あなた方の意見が一致するようなことがあれば、家族にどんなことが起きるでしょうか？」といった質問をしてみる。双方とも、「わかりません」と答える可能性は高い。その場合、カウンセラーは、「お互い、その点では一致していますね」と、にっこり微笑みながら、即座に応答することを怠らないようにする。なぜなら、カウンセラーを含め、だれも確実な解決策を持っていない点で同列、平等であることが確認できたからである。カウンセラーは、この確認作業を、家族との協働で達成した小さな「成功体験」であることを強調する。家族にとって、このようなささやかな成功体験が、やがて「希望」へと育っていくように配慮することは、専門家としてのカウンセラーの大切な務めであろう。このような工夫は、ソリューションフォーカスト・アプローチと呼ばれる最新の技法にも通じるものである。

5. FIT（家族イメージ法）で自家像を描く

FIT（家族イメージ法）は、私自身が一九八〇年代半ばから開発を続けている心理的アセスメント法である（秋丸貴子・亀口憲治、一九八八：亀口憲治、二〇〇三）。この心理的用具をひとことで表現すれば、「心の鏡」といえるだろう。この方法は、個々の家族が自分たち家族にどのような視覚的イメージを抱いているかを明らかにする。具体的には、円形シールを個々の家族成員に見立てて、記録用紙上に印刷された正方形の枠内に配置するように被験者に求める（図2−1を参照）。質問紙法などとは異なり、自身で表現する作業法を用いるところが、特徴になっている。個人別に、単独で実施することも可能であるが、むしろ家族が同席した場面で実施し、その結果を家族が互いに確認し、感想を共有する所に最大の特徴がある。とりわけ、家族相談や家族臨床の初期段階では、家族との面接を通じて何を達成しようとするかについての目標や動機が、家族自身にも明らかになっていない。そこで、まず家族が自らの「自

家族の構成《こうせい》　　（例：父、母、長女＝自分、弟など）

作成後の感想《かんそう》：

あなたの家族がいっしょにいる場面《ばめん》（食事《しょくじ》、テレビをみるなど）を思い浮《う》かべてみましょう。5種類《しゅるい》の丸シールを使って、自分の家族を描《えが》いてください。

1．まず、シールの色（濃《こ》さ）の違《ちが》いは、力（発言力《はつげんりょく》、影響力《えいきょうりょく》、元気のよさなど）の差《さ》をあらわします。家族のメンバーそれぞれに一色ずつ選《えら》んでください（同じ色を選んでもよい）。

2．シールを1人に一色ずつ選んだら、右の四角の中にシールをはり付けます。そのとき、シールについている鼻《はな》のような印《しるし》（▽とか▼）は、家族の人がよく向いている方向に向けてください。四角の枠内《わくない》であれば、誰《だれ》をどの位置《いち》にはってもかまいません。

3．シールをはり終えたら、それぞれのシールが家族の誰《だれ》であるか（父、母、自分、兄、姉など）を例のように記入《きにゅう》してください。

4．どのシールが誰《だれ》かを書き終えたら、家族内の2人（父－母、姉－自分など）が、それぞれどのような関係《かんけい》であると思うか、下の3種類《しゅるい》の線を使ってつなげてください（鉛筆《えんぴつ》などで記入してもよい）。

5．あなたの家族はどんな形になりましたか。描《えが》いたあとの感想《かんそう》を図の下に書いてください。

図2－1　FITの記録用紙

家像」を互いに比較検討し、その差異と共通性を確かめることができるように援助する手法を確立した。

心理的な悩みをかかえた家族にとって、ＦＩＴはその時々の親子や夫婦の「自家像」の揺れ動く様を、かなり正確に写し出す役割を果たすことができる。普通の小中学生や高校生・大学生、あるいはその親を対象とした調査研究の結果、この方法を家族内での問題発生を予防し、早期に対処するための道具として活用する試みが拡大しつつある。さらに、臨床心理士、家庭裁判所調査官・調停委員、児童相談所職員、福祉施設関係の相談員、医療関係の相談員、看護関係職員、各種カウンセラー、教育相談担当者、等々幅広い心理臨床や家族臨床にかかわる領域の専門家によって、種々の活用法が開発されている。

ここでは、不登校の問題をかかえた家族の相談事例を取り上げて、ＦＩＴという家族アセスメント法を実際にどのように活用できるのか見てみよう。

主訴：女子中学生の不登校
家族構成：四〇歳代前半の父親、四〇歳代前半の母親およびＡ子の三人家族。
来談経過：Ａ子は、小学生の時にいじめにあい、不登校気味であった。公立の教育相談機関からの紹介では不登校が主訴となっていたが、初回の家族面接では、母親から「家族全員のことについて相談したい」との希望が述べられた。A子は小さい頃からおとなしく、いい子であった。しかし、A子自身は、両親が自分を理解せず、冷たいと見ていたのである。中学入学後は、一転してA子は激しい言葉で過去の自分に対する両親の仕打ちについて責めるようになり、不登校に陥った。

面接経過：月一回で、計一一回の家族面接が実施され、六ヶ月後にフォローアップ面接が実施された。

第二回面接時のFITの結果は、図2－2の上部に示されている。なお、円形シールの濃淡は家族内でのパワーの強弱に対応し、相互の距離は、心理的距離に対応し、描かれた線分の太さは、関係の強弱に対応している。父親と母親のFITはかなり類似しているが、パワーの認知や関係強度の認知について、多少の差異が認められる。一方、A子が描いたFITは、両親のものとは大きく異なっていた。A子は、枠の両端に遠く離れた両親の中間の位置に自分のシールを置き、しかも、いずれの両親との関係も不明確な点線で表示した。両親のものと比較して、家族全員のパワーをきわめて低く見ていることが注目される。また、関心の方向を示す互いの鼻の印が、A子の図では、すべて異なる方向を向いていた。家族イメージ法の結果を見ることで、両親はA子のFITが自分たちのものとは大きく異なることを痛感したようであった。

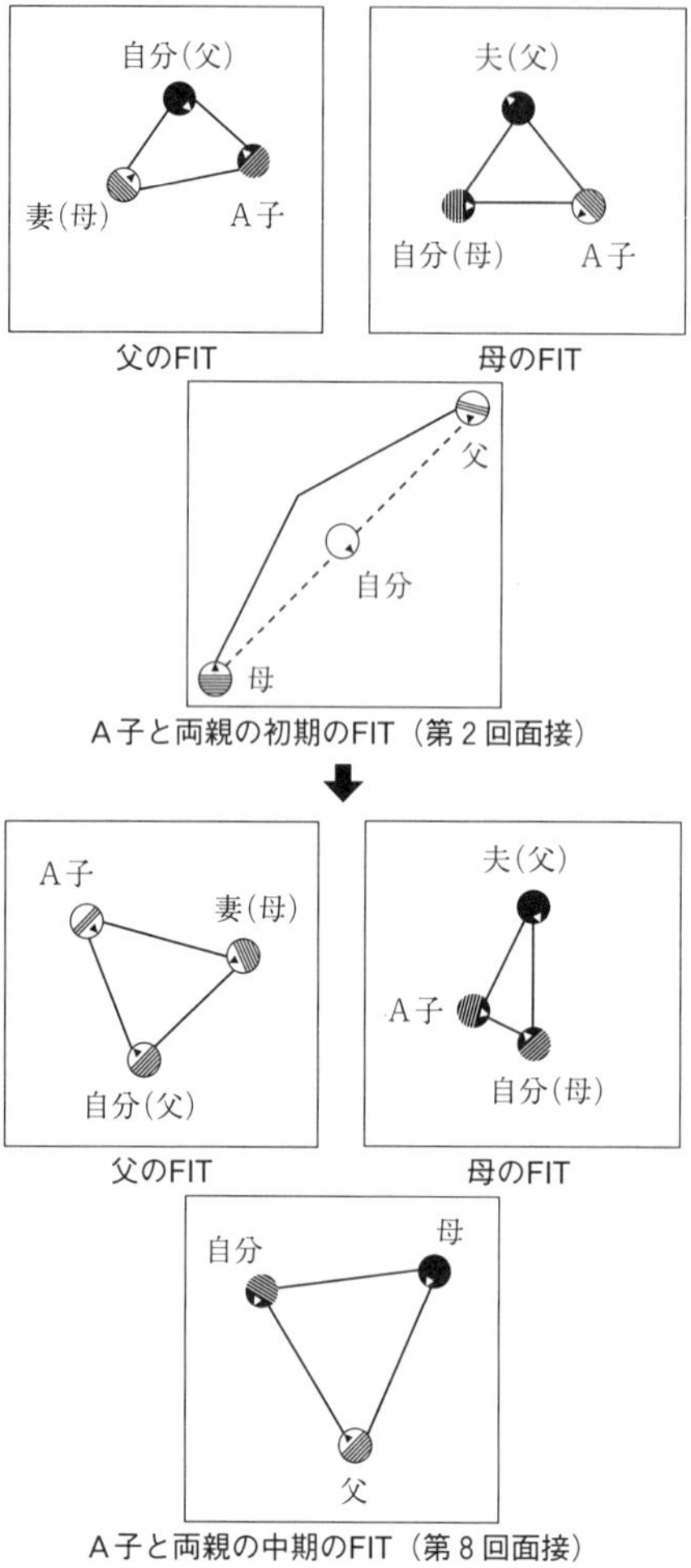

図２－２　A子の家族のFITの変化（２回と８回）

その際の家族面接での会話を再現してみよう。

父親　「今のイメージをそのまま表しました」

母親　「あえて一年前のイメージを作りました。一番印象に残っていたから」

A子　「自分は両親の真ん中。自分と母親は同じパワーで父親は少し強い。今のイメージを作った。面白いなと思った」

セラピスト　「家族それぞれが作った家族イメージを見比べての感想をどうぞ」

父親　「今まで見たこともなかった。娘は家族のことをこう感じているのだなと思いました」

母親　「家族のことはわかっているはずだと思っていたけど……ちがうのですね」

A子　「自分が予想していなかったちがいにびっくりした。驚いた。すごいと思った」

第三回面接

前回の終了時に持ち帰っていたＦＩＴを使って、家族が自宅で実施した結果を見せてもらった（図２－３を参照）。父親は過去のイメージ、母親は未来のイメージ、Ａ子は過去のイメージを、それぞれ表現していた。各自のＦＩＴを見ながら次のように語った。

父親　「自分のシールの向きは、子どものことを気にかけながらも外を向いている。

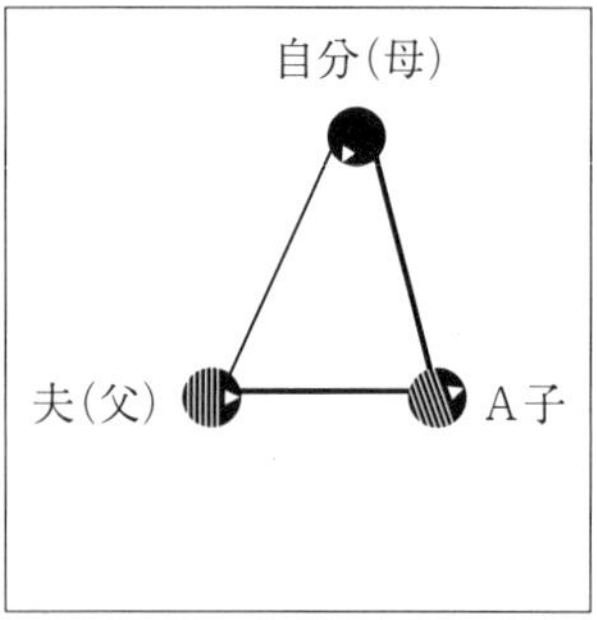

母親が描いた10年後のFIT

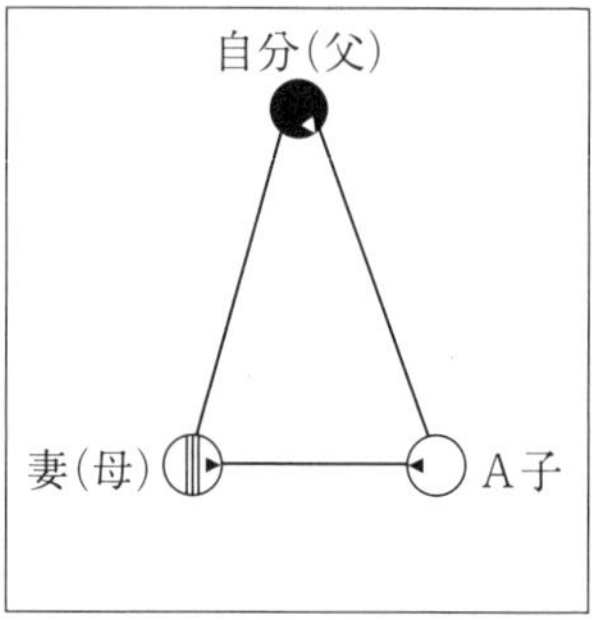

父親が描いた過去のFIT

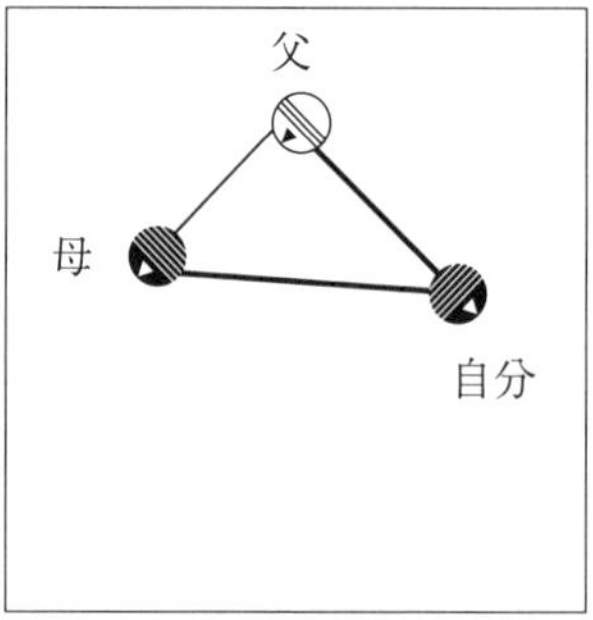

A子が描いた過去のFIT

図2－3　A子の家族が自宅で実施したFIT

娘は言いたいことを言えずにいたから、パワーが弱い。母親もシールの向きは外を向いている」

母親　「一〇年後を作ってみました。一〇年後だから、娘も変わっているだろうけど、自分も変わっている。自分が社会に出る。主人が定年しているから、家庭に向かっている。そういうイメージです」

A子　「過去の線の方が太い」

　この後、小学生の頃に学校でいじめられていたときにも言えなかったつらい感情がよみがえり、両親にその感情を直接言葉で表現し始めた。耐え切れなくなった父親はついに退室してしまった。

　第四回面接

　前回の退室の一件もあるだけに、父親の参加が危ぶまれたが、全員が参加した。A子の様子は前回とは異なり、落ち着いていた。前回に続き、粘土創作を提案したが、今回は家族が合同で「週末の家族の風景」と題した作品を完成させた。父と娘が散歩していて、母親が庭でゴミを燃やしている場面であった。A子は、父親が家の屋根の部分に付け加えた煙突を見て、「かわいい」とほめていた。その粘土作品を見ながら、三人の親子は次のように、率直に感想を語った。

Ａ子　「別にない」
母親　「現実そのものだと思いました」
父親　「自分が家を作ったのですが、娘から『小さい家だね』と言われたので作り直しました。形でなく、中身をもう一度新しく作り直したいですね」
カウンセラー　「中がどんな風に変わればいいと思いますか？」
母親　「そういえば、娘があったかい空気を入れたい、といつも言っていました」
カウンセラー　「今の家の中は以前と比べてどう？」
Ａ子　「変わった」
母親　「開放的になりました。温かくなったというか……前は、ああしないといけない、こうしないといけないと思うことばかりで……それに以前は一人ひとりバラバラだった。自分の意見をそれぞれが押し通していました」
カウンセラー　「お父さんが作った煙突は、部屋の汚れた空気を外に出しているのでしょうね」

Ａ子は、学年が変わり、登校を始めている。しかし、やや無理な面もあると母親は判断し、適応指導教室に通わせることにした。

第八回面接

再度、FITを実施し、前回のものと比べて感想を求めた（図2－2の下段の部分を参照）。

カウンセラー　「以前のFITと比べての感想をどうぞ」

父親　「前は（自分が）見下すような感じで、俺の言うことは何でも一番という気持ちがありました」

母親　「前は自分が夫よりも強くなってやるという思いがありました」

カウンセラー　「今回のFITの結果についての感想は？」

父親　「自分のパワーが以前よりもなくなったと思いました。肩の荷がおりて、軽くなったという気がします。つっぱってなくていい」

母親　「夫の性格を考えたら、夫がパワーを小さくしているというのは、相当に我慢しているのではないかと思いました。だから、自分が引けるところは引こうと思いました。責めてばかりいてもね。気持ちよくいたいから、だいぶ夫のことがわかるようになってきました」

この回は、A子は参加していない。母親は、残された問題は、むしろ自分たち親の側にあることを娘が暗に示しているのではないかと語った。A子は適応指導教室に通い続けている。また、父親への態度や口調が柔らかくなっているとのことであった。

父親も、A子が「夫婦（両親）が仲良くしているのが一番うれしい」と言ったエピソードを、笑顔で紹介した。

第九回

父親の悩みは、娘とどんな話をすれば良いのかわからないことだという。しかし、最近一ヶ月ほどは、A子の方から積極的に父親へ話しかけてくるようになり、父親もその変化を喜んでいる。A子は、母親を友人の代理にしたてた演劇的な遊びを始めている。母親も当惑しつつそれに応えようとしている。

第一一回

両親のみとの面接が続くようになる。

母親 「今、娘は親を責めるのではなく、自分自身を強くする方向に向かっているようです」

父親 「以前よりも娘の言動を気にしなくなりました。一年前は、娘の責め方がひどかったので、こちらの方がびくびくしていましたが、今はそれがなくなりました。娘に何を言われても動じなくなりました」

母親 「今は、お互いが言いたいことを言い合えるようになりました」

カウンセラー 「ご夫婦の間では何か変わったことはありますか」

父親　「妻に対しては、何で自分が言っていることが通じないんだろうといらだつことが多かったのですが、今は妻との意見の食い違いにいらだつことがなくなりました」

母親　「私も主人に遠慮せず、前みたいに我慢もしないで何でもいえるようになりました」

第一二回（フォローアップ面接）

Ａ子はその後も安定し、問題は生じていない。

フォローアップ時のＦＩＴの結果は、図２－４に示している。両親のＦＩＴの変化はそれほど顕著ではないが、細部においては家族療法の効果を反映したと推測される変化が認められた。父親は、自分自身を妻と娘よりも下方に位置づけた。母親のＦＩＴは、形としてはあまり変化していないように見えるが、夫が外方向ではなく、妻子の方向に関心を向けるようになっていることは、意味のある変化として理解することができる。互いの力関係についても微妙な変化が示されている。

一方、Ａ子自身のＦＩＴは、初期のものとは一変していた。形は両親のものに似てきた。しかも、パワーについては、自分自身を最強とし、母親を次に位置づけ、父親については最下位としていた。さらに、両親間の距離は接近し、同じ方向を向いているように配置していた。両親に対して、Ａ子は逆の方向を向くように自分自身を位置置

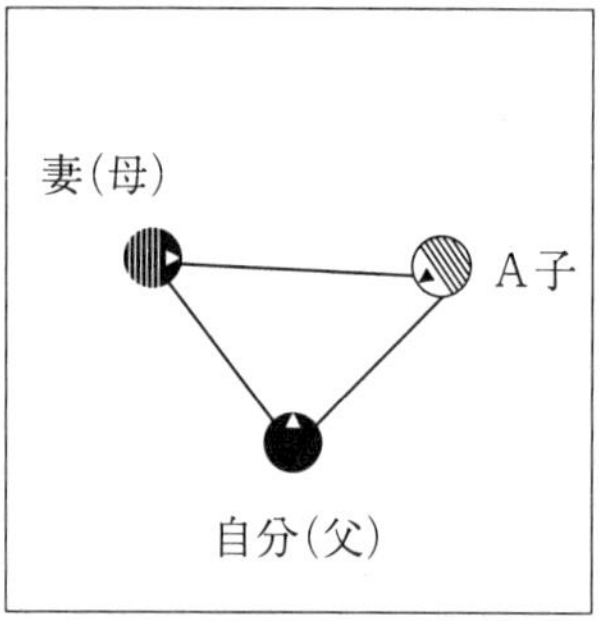

父のFIT

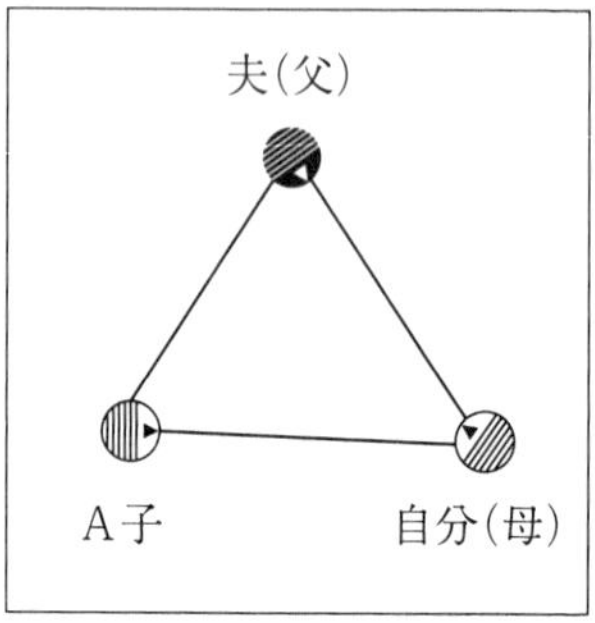

母のFIT

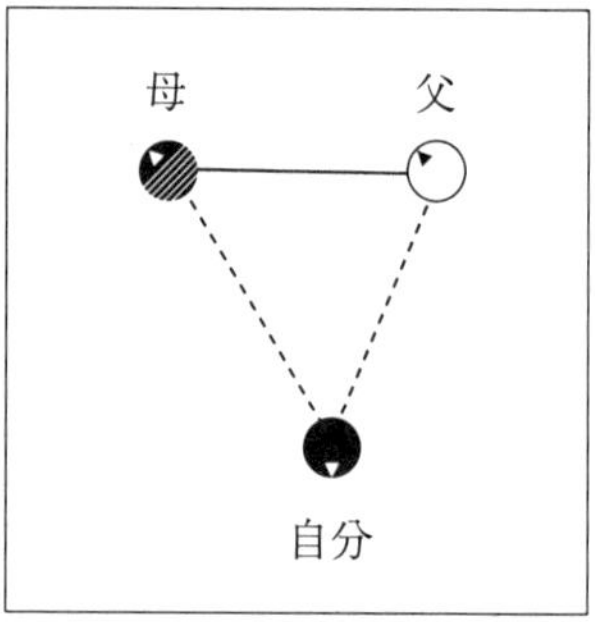

A子と両親の終結後のFIT（第12回面接）

図２－４　フォローアップ面接時のFIT

づけ、いかにも自立もしくは親離れするかのような図で家族イメージを表現していた。A子の図では、両親間の距離が接近して置かれていたのに対して、母子間および父子間は相対的に離れた位置関係となっていた。このことから、思春期に達した子と親との間に成立する「世代間境界」（いわゆる親離れ・子離れの結果生じる親子の間の一線）が、A子の心のなかでも徐々に意識され始めたのである。両親は、次のように感想を述べた。

父親　「下から妻と娘を見つめています。自分は下に居るけど家族に対する影響力はある。妻と娘は向かい合わせにしている。自分と娘の結びつきは強いと思っています」

母親　「一瞬、夫の鼻の向きを家族の外の方に向けようかとも思いましたが、夫の心の中を思えば仕事をしながら家族のことを考えてくれているのではないかと思って内側に向けました」

さらに、面接終了後にＦＩＴについてのアンケート調査を行い、家族全員から回答を得ることができた。以下がその内容である。

父親の回答

①「こんなのやってどうなる」という、当初の気持ちがＦＩＴを繰り返すうちに、今までの自分がいかにわがままで、暴力人間であったことを思い知らされました。妻

や娘に対するそれまでの優しさや愛情は、自己満足にしかすぎなかったことが嫌というほどわかりました。まだまだ道のりは遠いですが、一日も早く娘から「お父さん」と呼ばれたいと思います。

② 家族の心の絆が顕著に、そして明確に表現され、驚きでいっぱいです。初めてのＦＩＴから最後のＦＩＴの結果までを机に並べては、心の移り変わりをかみしめています。

母親の回答

① 家族一人ひとりが今までどのような気持ちでいたのか、ＦＩＴを使うことにより、よくわかりました。三人ともそれぞれ我が強かったような気がします。

② 娘がこんなに両親をしっかり見ているとは思いませんでした。

Ａ子の回答

① お父さんは家族の雰囲気を口に出して言ったことはなかったけど、よく家庭のことをわかっているなと思いました。お父さんも家庭の雰囲気が悪いことをよくわかっていてうれしかったし、お父さんが家庭の悪さを知っていたことに気づきました。

② ＦＩＴをしてからお父さんとお母さんがどんな感じで家庭のことを思っているかということがわかってうれしいです。過去の家族のことを考えるとさびしかったけ

ど、FITで過去の仲が悪かった家族のことを思っても、悲しくなくなってうれしいです。

③　家庭が良くなってうれしいです。さびしいとか、悲しいとか思わなくなったことが一番うれしいです。

家族療法的カウンセリング終了後に、中学を卒業したA子は、自分の好きなスポーツのインストラクターを養成する専門学校に入学することができた。

6. 家族が粘土で遊ぶ（家族粘土法）

FITを活用することで、会話の乏しい夫婦のコミュニケーションが促進されるだけでなく、親子間、あるいは兄弟間のコミュニケーションを改善できることも明らかになってきた。ただし、家族によっては、このような直面化を要求するような課題に取り組むことができない場合も少なくない。そのような場合には、もっと気楽に取り組める遊びの要素を盛り込んだ技法を用いることが適切である。その要請にこたえてわが国で開発された技法が、家族粘土法である（亀口、二〇〇〇）。

非言語的技法あるいは造形的技法として、粘土は遊戯療法や芸術療法の分野ではよく用いられてきた。粘土遊びの特質としては、「自由な構成と創造の喜びを子どもに与え、子どもの自信・自発性を高める」等の指摘がなされている。芸術療法は、心の内奥にあるものを、何らかの形で表現したいという人間が生来的にもつ欲望を基礎とした心理療法である。その中で、造形療法として粘土は普及し、粘土の持つ特有な触感や立体的なイメージの表出が可能になる点などに治療的可能性をもっている。このように、粘土は遊戯療法の中では遊具として、芸術療法の中では表現手段として扱われている。

これまで、家族療法において粘土を系統的に利用する実践例は少なかったが、「家族粘土法」は有効な面接技法であることが、われわれの臨床実践によって徐々に明らかにされつつある。家族粘土法は、面接室内で家族が共に粘土の触感を共有しつつ、造形活動を楽しむものである。その点で、この技法を用いる家族療法は、主に子どもを対象とする遊戯療法とは異なり、親・兄弟を含む家族集団を対象とする「家族遊戯療法」の特徴を備えている。この技法では、症状や問題をかかえたＩＰの子どもだけでなく、その問題で悩みつづけてきた親や他の兄弟のストレスや心の傷を癒すために、遊戯療法の原理を巧みに応用している。個人としては患者や問題をかかえた人物としてのレッテルを貼られていない家族成員も、少なからず、心の重荷を抱えている。

子どもを対象とするわが国の心理療法やカウンセリングでは、母親が面接を受けている間に、子どもが別のカウンセラーから遊戯療法を並行して受ける「母子並行面接」の形態が一般的となっている。しかし、この手法では、同席しない父親や兄弟との関係はもちろん、家族関係全体が醸し出す「雰囲気」やその変化などを、正確に把握することは困難である。少なくとも、子育てのもう一方の主役であるはずの父親が登場しないままでは、両親間のパートナーシップを強化することは困難である。そこで、子育て支援を目的とした夫婦カウンセリングにおいて、粘土法を活用する実践的取り組みが着想され、各地の子育て支援プログラムのなかでも、徐々に取り入れられつつある。

子育てに伴う苦悩や不安をかかえた夫婦にとって、面接室で自分たち夫婦がうちそろって粘土をこねる体験をすることは、それが現実の深刻さや重苦しさとは対極の雰囲気をただよわせているだけに、予想外のインパクトを受けるようだ。この技法を経験した夫婦の感想として、「事態は深刻であり、こんなのんきなことなどしていられないはずなのに、でもなんとなく楽しいいし、面白い。そういえば、こんな団欒があれば、わが家も明るくなるだろうな」といった心境の変化が語られることもある。粘土は、壊れかけた家族を結びつけるあたかも接着剤のような役割を果たす道具でもある（写真2－1参照）。

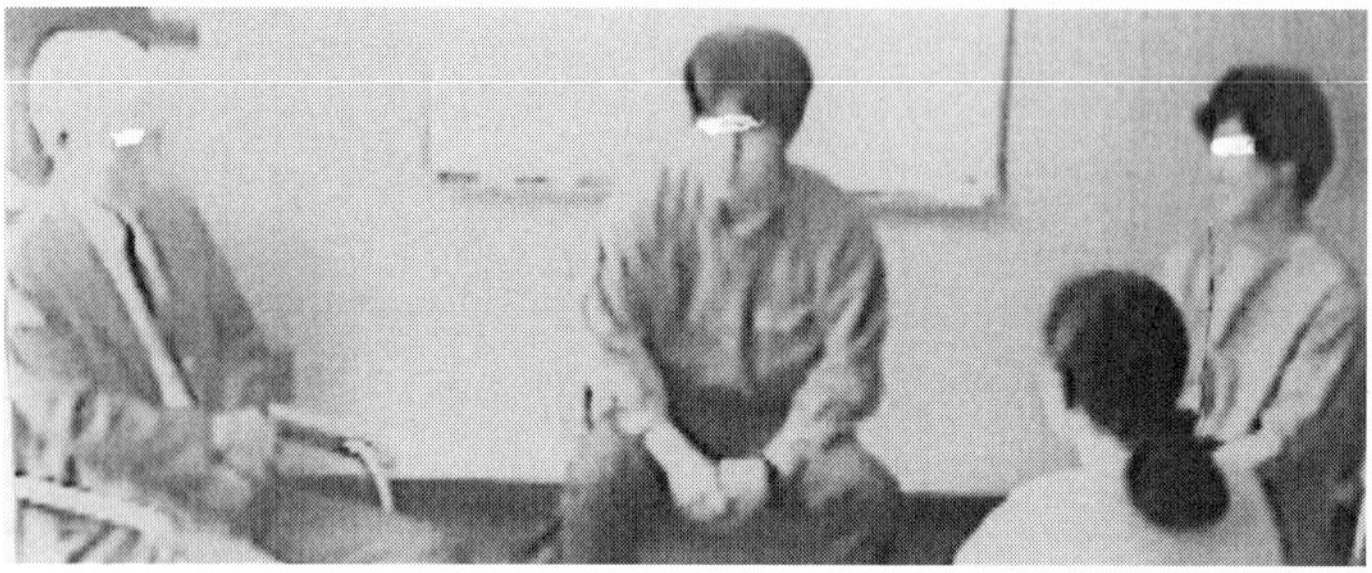

面接セッション

粘土造形セッション

写真２－１　家族合同面接と家族粘土造形法

読者には信じがたいことかもしれないが、大学生の親ですでに四〇歳を越えた人でさえ、わが子と一緒に面接室で粘土をこねて自由に造形活動を続けるうちに、「なんだか楽しい気分になってきました。若返ったようです」と語ることは少なくない。もちろん、子どもの側でも同様の感想が語られることは多い。親子ともに、不定形の土の塊から何かしらの「形」を自ら生み出す過程を体験することは、「問題」にだけ向き合っていた生活から離脱し、解放される予感につながるのかもしれない。カウンセラーには、その瞬間に立ち会った証言者や目撃者としての役割が、暗黙のうちに期待されているのだろう。

第三章

家族療法的カウンセリングの事例

1．子どもを怖がる幼稚園児

マー君（仮名）は、四歳の幼稚園児であった。両親は、結婚後まもなく父方祖父母と同居していたが、父方と母方両方の祖母の体調が悪くなり、一家は近くに別居することとなった。その頃から、マー君は登園を嫌がるようになり、偏食が始まった。やがて、親同伴でなければ、外出できなくなった。同じ年頃の子どもがいると怖がり、親の手を握って離さないようになった。食べるものといえば、卵かけご飯、ふりかけご飯、フライドポテト、牛乳のみとなっていた（大下、一九九六）。

家族療法的カウンセリングの過程

第一回面接

マー君と両親の家族全員で来談した（この回以後、ほぼ月一回のペースで家族面接が継続された）。面接室では父子が密着して坐り、母は離れた位置にいて、母子の関係が希薄な印象を受けた。マー君は自動車などの特定のものに極端な執着を示し、幼稚園では自閉症の傾向があるとの指摘も受けていた。マー君は、ピーターラビットのぬいぐるみを手にしていた。カウンセラーが話しかけると父親に抱っこを求めたが、母親には近づこうともしなかった。

また、突然に「のどが渇いた」と言ったり、数を数え始めたりすることがあった。研究職についていた母親は表情が固く、マー君に対しては指示や命令的な話しかけが多い。いっぽう、企業の技術職にあった父親は、終始にこやかな表情であった。家庭でもマー君をあやすのは、もっぱら父親の役となっていることが判明した。

第二回面接

マー君に明るさが出てきている。公園内に幼児がいても逃げ出さず、一緒にいることができるようになっている。三歳児の音楽教室に母親同伴で参加し始め、家庭でも鼻歌を歌うようになっている。食事については変化がみられていない。空腹でも夕方になるまで決して食べようとしない。ただし、身長・体重ともに標準を超えている。

マー君は、面接の中盤から面接室内をぐるぐる回り始めた。偶然に（もっとも事前に、カウンセラーが粘土の入った箱を目に付きやすいところに配置しておいたのであるが）、彼が粘土を見つけたのをきっかけに、両親とともに粘土造形に導入した。マー君は、父親に車を作るように要求したものの、「僕は作れないの」と泣きそうな表情を見せ、自分では何も作ろうとはしなかった。しかし、粘土造形のあいだは、母親の呼びかけにも素直に応じ、父親の作った車に母親の作ったウサギを乗せて、テーブルの周りを回りながら、自作の物語を即興で語り、楽しそうにしていた。

母親はマー君について否定的に表現することが多い。そのような場面が続くと、母親からはなれて父親の膝元に擦り寄っていく行動がみられた。手先が器用な母親は、誰よりも粘土造形には熱心に取り組み、ウサギや食べ物などを器用にいくつも作った。父親はマー君を優しく受け入れながらも、着座するように指示を出すことも忘れてはいなかった。

第三回面接

女性の共同カウンセラーが入室すると同時に、マー君は「この人嫌い！嫌い！」と大声で連発した。いきなりの先制攻撃に、共同カウンセラーは動揺した。しかし、母親から、親類の集まりでマー君が良く遊んでくれた人物に「嫌い」と言ったことが伝えられ、ほっと一安心する場面があった（主となるカウンセラーのほかに共同カウンセラーが加わることが、家族療法的カウンセリングの特徴でもある。この事例の場合には、共同カウンセラーがマー君の相手をすることになっていた）。

粘土造形では、親子三人で「家」をテーマとすることを提案するものの、マー君が強く拒否したために、自由課題とした。製作中に、幼稚園に登園していた頃の出来事を思い出し、母親に断片的に語る行動が出てきた。マー君自身は粘土造形をしようとはせず、最初の頃は、奇声を発して床を転げまわるなどしていた。母親に促されて共同カウンセラーと握手した後は、粘土をおもちゃにして遊びはじめた。やがて、粘土の塊をさまざまに見立て、それを投げたり、つぶしたり、テーブルの下に隠すなどしてつぎつぎに遊びを展開していった。共同カウンセラーは、マー君のリードに応じる形で遊び相手となっていった。この間も、両親は共に同じテーブルについてそれぞれ粘土造形を続けていたが、マー君と共同カウンセラーが遊ぶ様子を見たり、時に呼びかけに応じたりしていた。

マー君が不安な様子をみせると、母親が声をかけるようになり、それで彼は落ち着きを取り戻し、また遊べるようになる。母親のマー君に対する評価は否定的なものが多く、「べたべたくっついてくるので困ります」などの表現がみられるが、内心では喜んでいるようにも受け取れた。カウンセラーにとって、母親にみられる言語表現と内的な体験過程との不一致は、マー君の不可解な言動とどこかで通じているように感じられた。父親は、長期出張から戻ったばかりであったが、マー君が母親に愛着を示し始めたことをとても喜んでいた。

第四回面接

この頃には、公園に幼児がいても怖がらなくなり、母親もマー君の手をつないでいる必要はなくなっていた。食事については、カレーが食べられるようになり、牛乳も一日一本飲んでいる。

面接場面では、「粘土がしたい」と要求するが、自分では作ろうとしない。しかし、粘土の塊をさまざまに見立てて、自由にお話を作り出していった。面接後半になると、テーブルの中央の開けられた穴（マイクを設置するためのものであるが、中は空洞となっていた）に、粘土の塊を隠す遊びに夢中になった。

母親との距離が近くなり、その膝元にもぐりこみ、その状態で会話を交わすようになった。しばらくすると、あたかもそのベースキャンプでの補給が完了したかのように、元気よく飛び出て共同カウンセラーと再び遊び始めた。この回には、「この人嫌い」という言葉が一度も発せられなかった。母親も、「同じ年頃の子どもと比べても、むしろマー君のほうが元気にみえます」とうれしそうな表情を見せた。確かに、初回のいかにも弱々しかった様子とは一変していた。カウンセラーは、この変化を定着させるために、家庭でも身体接触のある遊びを多く取り入れるように勧めた。

第五回面接

近所の子どもがマー君の自宅に遊びに来るようになっている。主に母親が相手をしているが、母親を介してマー君も間接的に他の子どもと遊べるようになる。その後、母親が地域の集会に出席した際に、マー君が母親から離れて数時間、他の子どもと一緒に遊ぶことができた。

面接では、粘土遊びを要求し、テーブルの穴に粘土を落としたり、出したりする遊びに夢中になる。カウンセラーの勧めによって、マー君は共同カウンセラーと面接室を出て、近くの幼稚園（在籍していたのとは別の幼稚園）まで、「探検」に出かけた。その間、マー君は終始共同カウンセラーの手を離さず、道路のマンホールや溝のふたを一つ一つ確認しながら、「穴の中はなあに？」をテーマに歩いていった。

マー君：これなんかね。
カウンセラー：マンホール。
マー君：開けてみようか。
カウンセラー：開けられるかな？
マー君：スパナ持ってくればよかったね。
カウンセラー：そうだね。
マー君：この中には何があるかね。
カウンセラー：「電気」て書いてあるから、きっと電線がいっぱいあるんだよ。

マー君：いっぱい？
カウンセラー：うん、いっぱい。
マー君：たくさん？
カウンセラー：うん、たくさん。

このような会話を、マンホールを見つけるたびに繰り返しながら、二人は幼稚園に向かった。幼稚園に到着し、ウサギ小屋の前で、マー君は自分が手にしているピーターラビットと小屋の中のウサギが対話するように、共同カウンセラーに求めてきた。

マー君：このピーター、今なんて言ってる？
カウンセラー：このピーター？〝こんにちは〟て、言ってるよ。
マー君：〝こんにちは〟て、言ってる？
カウンセラー：うん。
マー君：こっちのピーターはなんて、言ってる？
カウンセラー：〝一緒に遊ぼうよ〟て、言ってるよ。
マー君：〝一緒に遊ぼう〟て、言ってる？
カウンセラー：〝さびしいから一緒に遊ぼう〟て、言ってるよ。
マー君：さびしいから？……今ニンジンピーターなんて言ってる？

カウンセラー：〝おなかすいたよ！〟て、言ってるよ。
マー君：今こっちのピーターなんて言ってる？

母親は、夫とマー君に、これまで毎週末にふたりが夫の実家に行くのを隔週に減らすように提案したものの、理解されず、家族全員から冷たい人間のように受け取られることがつらいと訴えた。また、夫の両親と同居していた頃の不満を、遠慮がちにもらすようになった。

第六回面接

母親が入院となり、父子は夫の実家に戻って生活している。マー君は、近所の子どもと遊べるようになっている。同時に、これまで肌身離さず持っていたピーターラビットのぬいぐるみに関心を示さなくなる。食べ物の種類に変化はみられないが、量は増えてきている。転勤に伴う転居の予定が決まり、父親が先に単身で赴任することになった。

面接場面では、マー君は粘土遊びを希望した。今回の粘土造形では、マー君が役割分担を指示し、言葉遊びや役割行動もできるようになっている。テーブル全面を使って粘土作品をさまざまなものに見立てた物語を作り上げた。登場人物はウサギの親子であり、テーマは「町」であった。

マー君：町があるんだよ。

父親：町がある？

マー君：町があるのよ。

父親：じゃあ、家の土台を作ろうか。

マー君：作らないで、町を作るのよ。

このように、マー君は「家」を作ることには断固反対した。カウンセラーの仲介で、ウサギとウサギの家を作ることでようやくマー君は納得した。しかし、父親の作った「家」を「変だったの」、あるいは「使用中だったのよ」と言っては壊し、最後までその「家」は完成しなかった。マー君が発案し、父親との協働で即興的に展開させた物語の聴衆として、至近距離で間近に見ていたカウンセラーには、それがあたかもマー君一家のこれまでの再現劇であるように思えた。

父親の実家が二世帯住宅として新築されてまもなく、両親の双方の祖母があいついで病気になり、その介護のために一家は別居を余儀なくされた。この時点で、マー君は母親の入院により、急遽ふたたび父方実家で暮らし始めたばかりであった。変転めまぐるしい家庭の現実に翻弄されてきた幼いこころの中に封印されていた「不安」や「戸惑い」、あるいは「怒り」が、この即興劇の通奏低音として流れているように、カウンセラーには感じられた。粘土によって外在化され、さらにそれらを小道具や大道具、あるいは背景に見立てて演じられた粘土劇は、マー君だけではなく、まだ若い父親にとっても得がたい体験の場となっていたようである。とりわけ、マー君が外在化された「家」にこだわる父親を制して、もっと広い視野から「町づくり」をしようと誘いかけた事実に、カウンセラーは深い感銘を受けた。

父親は、「自分の両親は、マー君が元気良すぎるのではないかと心配していますが、自分はこれでよいと思っています」と明るく答えた。

第七回面接

父親は一足先に転勤先に転居したために、母子のみの来談となった。母親の手術は成功し、術後の回復も順調である。母子も数日後には転居を予定している。マー君は、最近では知らない子どもにも自分から声をかけるようになっている。転居後の幼稚園での適応について、母親は一抹の不安感をいだいている。

粘土場面でマー君は、前回と同様に粘土箱をひっくり返し、粘土の塊をさまざまに見立てながら、カウンセラーと協働で即興の物語を流暢に語り始めた。前回に続いて

「町づくり」が主題となった物語であるが、さらに今回は「死と再生」の副題が付け加わっているような印象をカウンセラーは受けた。

マー君：なんて言ってる？
カウンセラー：町が見たいって言ってるよ。
マー君：町が見たいって？
カウンセラー：うん。
マー君：ルゥゥゥゥゥゥゥ。ここにタイヤが捨ててあるよ。
カウンセラー：古いタイヤ？
マー君：古いタイヤよ。
カウンセラー：パンクしてる？
マー君：パンクしてるよ。

（中略）

マー君：壊れたの。台が壊れたの。
カウンセラー：何の台が壊れたの？
マー君：ウサギの台が壊れたのよ。
カウンセラー：これウサギさんじゃない？

マー君：ウサギさん？
カウンセラー：耳をつけてあげようか。
マー君：このウサギさん死んでるのよ。
カウンセラー：あら、死んじゃったの？
マー君：これはただの台だから、ここがお墓。

（中略）

マー君：使い物にならない。新しいのを買ってこないと。
カウンセラー：修理しなくちゃね。
マー君：修理!?よしこれで修理できた。

この頃には、来談当初に目立っていた奇声を発することや、多動の傾向はまったく影を潜めている。粘土を使った物語の創作でも、断片的な挿話が脈絡もなく続くのではなく、各プロットの間に何らかのつながりが見受けられるようになった。

母親は、マー君が夫の両親を実の親だと思っているのではないかという懸念を持つことがあると訴えた。夫もそのような妻の懸念に共感していることが表明された。この点で、両親連合が保たれており、夫とその両親との間に世代間境界が引かれつつあることが確認できた。その影響もあってだろうか、今回初めて、それまで父親が座っていた椅子に母親が座り、面接中も頻繁に笑顔が見られた。

粘土場面では、母親もマー君の遊びの世界に加わり、壊れた「家」を建て直す役割を演じた。母親が作った「家」にマー君をうまく招きいれると、マー君もそれに応じて「家」を壊さないように慎重に入っていった。

母親：おうちにかえってきてもいいよ。おうちできたよ。
マー君：トゥルルルルル……（車を動かす）
母親：おうち帰ったら、金魚さんが待ってるよ。
マー君：どれ？金魚さん？
母親：ここ。これ金魚鉢。
マー君：……（粘土のウサギを家に入れる）
母親：は〜い。入っちゃった。

（中略）

カウンセラー：小さいピーターは入ったけど、大きいピーターは入れないね。大きいピーターのうちはどこかな？
母親：この中入るかな？

カウンセラー：入れる？
母親：ちょっと隣のお部屋を作ろうか。
マー君：うん。
母親：大きいおうちにしようか。３ＤＫ！
マー君：３ＤＫ……
母親：３ＤＫだったら、三人で住むにはちょうどいいかもしれないね。
マー君：大きくなってきた、大きい！
母親：うん。
マー君：ピーターのアパートが大きくなった？
母親：うん。
カウンセラー：さあ、大きくなりました。大きいピーターは？
母親：入れるかな？
マー君：なに？町に行きたいときはどうする？
母親：ピョンと飛び越える（粘土像を使って実際に、家の枠を飛び越えてみせる）。
マー君：これは飛び越えられないです。飛び越えたら壊れるんです。
母親：そうね。

（中略）

カウンセラー：大きいピーターは一度おうちに帰らないの？
マー君：この大きいピーター？
カウンセラー：うん、その大きいピーター。
母親：帰らないのかな？
マー君：誰が？
母親：おうちに帰らない？ここに。
マー君：どのピーター？
カウンセラー：ニンジンピーター。
マー君：ニンジンピーター（そ～っと、家の中に入れる）
カウンセラー：入った！
マー君：えへへへ。
カウンセラー：ちゃんと入ったね。お母さんが作ったおうちにね。

ここで、母子は、ともに満足そうな表情を浮かべた。

第八回面接

普通の食事を取れるようになっている。家中自分のおもちゃで占領し、とても元気に過ごしている。母子での遊びでは、マー君が母親に役割を指示する。母親が不熱心な様子を示すと抗議することもある。

面接室に、マー君は手提げ袋にいっぱいのおもちゃと、お気に入りの車のぬいぐるみを持参してくる。テーブルの穴を利用し、持参したおもちゃで遊ぶ。

粘土場面では、つぎのようなプレイが展開した。

マー君：まるまるってしてる。
カウンセラー：まるまるになってるの？
マー君：ヘビさん、ええと、みんなまるまるになるのよ、ヘビさん。
カウンセラー：ふ～ん。
マー君：そうよ。まるまるになるよ（ヘビに見立てた粘土をいくつも作り、丸めて遊ぶ）。

母親はマー君が遊ぶ様子を距離をおいて見ていることができるようになり、カウンセラーとの対話に集中するようになっている。前回までは床に座って粘土創作に取り組んでいたが、今回は椅子に座ったままであった。徐々に、母子分離ができるようになっている。

写真３－１　『池のある公園』

第九回面接

家族全員で来談する。マー君は、まだ同年代の幼児とうまく遊べてはいないが、自分から話しかけるようになっている。公園でも親から離れて遊べるようになっている。マンホールへの執着はなくなっている。

粘土場面では、家族全員でテーマを決めるように指示した。その結果、「池のある公園」を作ることになった（写真３－１参照）。

マー君は、自分から粘土で鯉、石垣、魚のえさなどを積極的に作っていった。他者にほしいものを作らせることはなくなっている。自分でも作品を作りながら、池の鯉を動かして物語を展開していった。

カウンセラーに対して、「家族で作ったのよ！」と誇らしげに報告した。面接終了直前になってマー君は、「池ごともって帰りたい」と言い出した。全員で相談し、特別の処置という判断で、マー君が作った鯉を四匹菓子箱に入れて持ち帰ることを容認した。

母親は、マー君の作った石垣にふさわしい大きな橋をかけた。さらに、父親が作った橋についても補強する作業を手伝った。

予定通りに家族全員が転居を終え、新たな環境でのマー君の適応も良好であることが確認できたことから、この回でカウンセリングを終結とした。

家族療法的カウンセリング過程のまとめ

面接初期に顕著であったマー君の「幼児恐怖」は、母親自身の育児不安と一体のものであったと推測される。第二回面接で、マー君が共同カウンセラー（二〇代前半の女性）に対して「この人嫌い！」と数回叫んだことは、同席していた全員に強い衝撃を与えた。しかし、この意表をつく出来事が、この家族のタブーを打ち破ることにもなった。これ以後の面接では、共同カウンセラーがはからずもマー君にとっての「悪い母親」あるいは、「子どもから嫌われる母親」の代役を務めることになった。しかし、共同カウンセラーがその重荷を背負い、またマー君が「嫌い」と叫んだことを真正面で受け止めて、その事実をこの家族にフィードバックしたことによって、その有毒性を薄めることができた。

次回には、マー君が使った「嫌い」という表現は、むしろ自分に好意を寄せてくれる人物への愛情表現でもあることが、母親から説明された（この母親の行動には、「嫌い」と言われてしまった共同カウンセラーへの配慮が感じられた）。この初期のカウンセリング・チームの対応と家族との相互交流によって、その後の両者の信頼関係の基礎を固めることができた。

粘土セッションで重要な役割を担ったものは、母親が作った「ウサギ」と父親が作った「車」であった。いずれもマー君のお気に入りであった。マー君は、この車にウサギを乗せてテーブル上をぐるぐる回り始め、やがて面接の中央に置かれた円卓の下部に降りていった。それはまるで、『不思議の国のアリス』のアリスのように地下の世界（無意識の世界）に両親を導いていくかのようであった。第三回では、マー君はこの円卓の下で粘土像を隠す遊びに夢中になっていた。

面接過程の中期（第五回面接）では、家族粘土造形法が家族三人の内的な体験過程を目に見える形で外在化し、それを媒介として相互に交流することができるようになった。円卓の上部（意識的世界）と下部（無意識的世界）の両者を使って、それをつなぐ穴に「ガソリンを入れたよ」、あるいは「水が流れるの」と言って粘土を上から下に落としたり、あるいは逆に溜め込んだりして遊ぶようになった。これらの遊びは、まるで円卓が意識界と無意識界の境界領域を象徴するものであり、ここで何かが循環し始めたことを暗示させるかのようであった。

その後、マー君は共同カウンセラーに伴われ、近くの幼稚園までの探検に出かけていくことになった。途中で、道路に設置されたマンホール（文字通り地下世界への入り口である）に強い関心を示した。さらに、面接過程の近づくことも恐れていた幼稚園に出向き、そこで飼われているウサギとの対面を果たした。ここで、興味深い行動が出現した。マー君は自ら聴衆となり、共同カウンセラーに即興劇を作らせたのである。登場する配役は、持参したお気に入りのピーターラビット（マー君の分身でもあるウサギ）と幼稚園のウサギ小屋の中のウサギであった。共同カウンセラーが仲介となって、分裂状態にあった意識化された自己（眼前のウサギ）と無意識的な自己（ぬいぐるみのウサギ）との対話を成立させることができた。

面接過程の後期になると、粘土場面でもストーリー性の高い物語が展開するようになった。マー君を捕らえていた「死」のイメージから、「再生」のイメージが出現するようになった頃から、これまで形をなすことがなかった「家」の造形が可能になった。マー君の分身でもあるピーターラビットは、母親の誘いに乗り、その「家」の中にどっかり腰を下ろすことができた。その瞬間、カウンセラーには、母親がマー君を心理的に受容し、同時にマー君も母親に受容されたように感じ取れた。事実、この回以降、マー君が子どもに恐怖心を示すことはなくなった。

第八回面接では、ぬいぐるみの車のタイヤで円卓の穴をふさぎ、卓上で「ウロボロス」ともおぼしき粘土造形（紐にように伸ばした粘土を同心円状に巻きつけたもの）をいくつも作り、それを使って遊ぶようになった。さらに、最終回では、マー君の作った石垣（池を取り囲む円環構造をなしている）の両岸をつなぐように、両親がそれぞれ架け橋を作った。カウンセラーにとって、母親が父親の作った粘土の橋の弱点と思われる部分を補強したことは、それまであいまいであった夫婦の絆がしっかり結ばれた「あかし」であるように感じ取れた。さらに、その両親の様子を見ていたマー君がにっこり微笑んだとき、ふたりのカウンセラーは、この一家の再生を願って取り組んできた自分たちの仕事が十分に報われたと、強く実感できた。

2. 家庭内暴力の保育園児に忍び寄った畏れ

ゼロ歳児のときから通った保育園を卒園し、小学校にあがったばかりの六歳の拓也（仮名）は、一ヶ月ほど前から家庭で父親への暴力が始まったが、まもなく対象は弟に移った。体力的に劣る弟に対して殴る蹴るなどの行動を示し、みかねて止めようとする母親に対しても暴力をふるうようになっていた。

実は、一年前に父方祖父が六〇歳前半で急死し、それを期に、父親がうつ状態になっていたことが初回面接で判明した。その頃から、父親が特に理由もなく拓也と弟に暴力をふるうようになった。また、同時期に拓也は保育園でいじめにあっていた。つまり、拓也は家庭内暴力の「加害者」となる以前に、精神的に不安定になっていた父親からの暴力や保育園でのいじめの「被害者」としてのつらい体験を重ねていたのである。

家族療法的カウンセリングの過程

第一回面接

初回から家族そろって来談した。拓也と弟の兄弟は、騒がしいほどに活発であり、とても家庭内暴力の加害者と被害者という関係にあるとはみえなかった。一方、両親は重く沈んだ表情で、疲労感を漂わせていた。兄弟は絶えず面接室内を動き回り、着席していることができなかった。ときおり、拓也は両親の体に触れ、かまってもらおうとするが、両親はともに拒否的であった。拓也もあっさり引き下がり、親との関わりの薄さがうかがわれた。それとは対照的に、弟は自分の要求が満たされるまでは何度も要求を続け、また両親の側も受容的であった。

粘土造形法では、自由に粘土に触れることを優先させ、課題を与えるようなことはしなかった。弟がウルトラマンの上体部分を作り、両親に下半身を作るようにせがむが、上体とのバランスがとれず、非常に不安定なものとなった。

両親は、拓也本人の面前で話すことにためらいを見せたが、カウンセラーが「話せることからでかまいません」と促すと、少しずつ話し始めた。両親は、拓也が比較的おとなしい子どもであると評した。父親は、「自分の小さい頃に似ています」と、言いながらも、自分の少年時代のことを思い出せずにいた。そのような父親のあいまいな態度に、母親は冷たい視線を投げかけていた。

第二回面接

この回の粘土造形では、「一番好きなもの」を主題として提示した。父親は「白鳥」、母親は「二匹のカタツムリ」、拓也はカービー（ファミコンのキャラクター）を作ったが、弟は作らなかった。母親は父親の作品を見て、「人間味のある、何か温かくて豊かなものを感じる」と驚きを隠さなかった。

兄弟の希望を入れて、共同カウンセラーが二人と屋外で鬼ごっこをして遊ぶこととなった。両親との面接で、初回面接以後は、兄弟関係は以前のような緊迫した状態ではなくなり、普通の兄弟のようになってきたとの報告を受けた。カウンセラーは、両親にこれまでの経過をふりかえってみることを提案した。その結果、次のようなことが話された。両親が時間的、精神的にゆとりがなくなった時期に、拓也の暴力が始まったことを思い出し、愛情不足が問題発生の要因のひとつではないかと気づいた。そのため、母親が朝に拓也が目覚めてから、三〇分ほど抱っこするようになり、それが二ヶ月続いている。しかし、母親の心の中では拓也を受け入れようとする気持ちよりも、むしろ義務感のほうが強く、葛藤が生じていることが打ち明けられた。さらに、母親は拓也との関係をふりかえり、「自分の不満をあの子にぶつけていました。いけないとは思いながら、当たられ役としての拓也を必要としていました」と述べ、母子間にも悪循環が生じていたことを認めた。

カウンセラーは、母親の粘土作品に視線を向けつつ、「カタツムリはヤドカリと違って、一生宿を変えませんね。そんなカタツムリが二匹で寄り添って、同じ方向に向かっていますね」とリフレーミングした。

第三回面接

面接予定日（一ヶ月後）の二週間ほど前に母親から電話連絡が入った。それは、「自分の問題だと気づいたことと、これ以上、夫に仕事を休ませてまで面接につきあわせることはできない。それで、家族合同面接は終了したい」という趣旨の内容であった。そこで、カウンセラーは母親が一人で来談することを勧めた。

予定通りの日時に、母親が来談した。母親は、最近では子どもたちを受け入れることに義務感がなくなったことを、誇らしげに語った。他方、「もともと夫には依存したくて結婚しました。愛情を求めていませんでした。これからは、夫に依存せずに、自分の問題に取り組んでいこうと思います。そのために、交流分析を始めました」とも、打ち明けた。いずれにしろ、夫婦関係の修復をあきらめた（離婚も考えている）ということのようであった。カウンセラーは、「拓也君との良好な親子関係を続けていくことと、夫婦関係を断念することは、矛盾するようにも思います。拓也君の中では、両親がお互いを思っているという前提があるからこそ、今、拓也君はお母さんに甘えられているのではないでしょうか。その前提が、幻想だということを拓也君に告げるると、どうなるのでしょう」と、問いかけた。さらに、家族合同面接を終了することを母親一人で決めてしまうことは、全責任を一人で負うことになるので、父親と話し合った後に決定するように伝えた。

数日後に、母親から次回の面接予約を希望する電話があった。その数日後に、父親から電話があり、予定を変更できれば自分も参加したい旨の意向が表明された。

第四回面接

親子四人で来談した。前回面接で、母親が家族合同面接を中断したいと申し出ていた状況とはすっかり変わっていた。とりわけ、ふたりのカウンセラーにとって、父親が家族合同面接の継続に意欲的であることが確認できたことは、大きな励みとなった。この回の粘土造形では、父親は「恐竜」を作った。また、拓也にせがまれて「新幹線」を作った。母親は、「イルカ」、拓也は、「モグラ」、「手足のはえたオタマジャクシ」、弟は「粘土の塊」をそれぞれ楽しそうに作った。

カウンセラーは、作成の終了を見届けると、各自の作品を円卓の中央に寄せて適当に配置するように要請した。そこで、カウンセラーは、家族とともにその作品群を見ながら、「何か話ができないだろうか」と、物語作りを持ちかけた。父親がそれに応じて、「新幹線に乗って動植物園にいくところでしょうか」とまとめかけたが、あまりしっくり来ない様子であった。すると、拓也が「昔と今に分ければいい」と提案し、結局、「恐竜（父親の作品）時代に隕石（弟の作品である粘土の塊）が落ちて今になった」という筋書きの物語が完成し、全員が満足できるものとなった。

その後、兄弟は共同カウンセラーとともに、屋外での遊びに出かけた。両親との面接では、父親が「最近では弟が兄の拓也を恐れて、何をするにも顔色をうかがっている。弟がかわいそうだ」と述べた。それを聞いた母親は、「あなたは拓也に冷たい。それが態度に出ている。拓也こそ、かわいそう」と、逆に父親を批難した。そこで、カウンセラーは、「不明確であった兄弟の順位を、兄と弟が互いに再確認しているのかもしれない」と肯定的に意味づけた。母親は、「拓也が弟にしていることは、過去に自分の行動を受容してくれなかった両親への仕返しではないだろうか」と述べた。父親は、「拓也は、自分が受け入れられないのは自分が悪い子だからだと思っているようだが、なぜそう思うようになったのかは分からない」と応じた。

しばらくして、兄弟が外遊びから戻ってきた。カウンセラーは、ふたりに両親への要望を尋ねた。ふたりそろって、「お父さんに遊んでほしい」と、要求した。さらに、拓也は「お父さんが僕らの相手をしてくれなくなったのは、おじいちゃんが死んでからだ。おじいちゃんの呪いが、お父さんに乗り移ったからだ」と予想外の発言をしたのである。カウンセラーはもちろんであるが、両親にとっても、この拓也の発言は大きな衝撃だった。カウンセラーは、「拓也君は、自分の父親に対する思いと祖父に対する思いの間に何らかのつながりがあることを感じているようですね。感じる力を持っているものの、それをどう受け止めてよいのか分からないのかもしれません。結局、自分が悪い子だからと思うしかないのかもしれません」と、補足的な説明を行なった。

第五回面接

拓也と弟はふたりとも真っ黒に日焼けした顔を輝かせながら面接室にやってきた。弟はこれまでになく両親に対するわがままぶりを発揮しているが、兄の拓也に対しては、一歩譲るようなそぶりも見せている。

粘土造形では、共同カウンセラーが主題を決めるように提案するものの、なかなか決められずにいる。結局、「家族」という主題を与えることになった。両親は、それぞれ別個に作り始め、拓也は粘土を円卓にたたきつけていた。弟は、室内を動き回り、落ち着かない様子であった。しばらくして、父親が飛行機を完成させたが、弟がそれを壊してしまう。そこで、拓也がそれを修理し始めた。その後、父親と拓也の協働作業へと切り替わっていった。

完成した作品は、父親と拓也が「飛行機」と「ペンギンの親子」、「アシカの親子」、母親が「テーブルと椅子」であった。カウンセラーが父親に、すべての作品を「家族」という主題でまとめるように指示すると、父親はテーブルにアシカを座らせ、飛行機のそばにペンギンの親子を座らせた。

ここで、共同カウンセラーとともに兄弟ふたりは外遊びへ出かけていった。両親面接では、家庭ではできるだけ子どもに指示を出さないようにしているとの報告がなされた。しかし、そのためでもあろうか、母親には自身の感情を抑える傾向が生じ、拓也に対してもどこかぎこちない対応が見受けられた。一方、父親は生活習慣については見守る姿勢を取れているものの、兄弟の関係については、むしろ過敏になっていた。カウンセラーは、父親自身の兄弟関係に焦点を絞り、子どもたちの関係と比べさせた。父親は、「自分には覚えがないのですが、最近、弟から『兄ちゃんには、子どもの頃よくいじめられた』と、言われました。だからといって、今、弟との関係が悪いわけではないので、兄弟間では、少しくらいいじめられた方がいいのかもしれませんね」と、明るい表情で応えた。それを聞いていた母親は、少し安心した様子を示していた。

第六回面接

拓也の下校時間の関係で、母親と弟が先に来室した。弟の希望もあり、さっそく粘土造形を始めた。数日後に遠足を控えているとのことで、「お弁当」という主題を与えた。一〇分後に、拓也と父親が加わったが、なぜか拓也は粘土に参加できなかった。拓也が共同カウンセラーを挑発する場面が多く見られ、弟もそれに従っていた。兄弟は共同カウンセラーと外遊びに出かけた。

カウンセラーが家庭での様子を尋ねると、母親がごく自然に父親に発言を促した。父親は、「以前と比べると、兄弟関係は数段良くなっています」と述べ、母親も同意した。この時が、初めて両親の意見が一致した場面であった。カウンセラーは、拓也が弟のようには上手に甘えることができないので、甘えられる条件を整えるように両親に要請した。

ここで、兄弟が外から戻ってきたが、すぐにふたりでドアを閉めて後続の共同カウンセラーが入室できないようにしてしまった。兄弟そろってのいたずらは初めてのことであり、両親も驚いていた。このいたずらは、外遊びでの「プレイ」の延長だったのであるが、その意味をつかみかねている両親に対して、カウンセラーはこのような拓也の行動の発達的な意義について簡潔な説明をした。そこで、それまでの単に「叱る」だけの養育態度から、いじめを受ける側の「気持ち」にも気づかせる養育態度を取り入れるように示唆した。

第七回面接

前回と同じく、父親と拓也は遅れて来室した。今回の粘土造形では、それまでの油粘土ではなく、紙粘土を使った。その意図としては、出来上がった作品を持ち帰りたいという拓也の希望に応じるためであった。共同カウンセラーは、父親に「当番さん」の役割を依頼し、家族の意見をまとめるように要請した。父親は遠慮がちではあったが、徐々に母子の意見を引き出し、母子の側もそれに応じるようになっていた。作成中に変更の必要性が出てきたが、その際にも父親が適切な指示を出し、家族もそれにすんなり応じた。

完成した作品は、父親が「ボート、アシカ、カメ」、母親は「クジラ」（拓也との協働作品）、拓也は「ペンギン」（父親との協働作品）、弟は「おだんご」であった（写真3－2参照）。これらの作品をもとにして、拓也は、「南極に捕鯨に行ったボートがクジラを捕りそこない、それを見ていたアシカとペンギンとカメがクジラの無事を喜んでいる」という、物語を作り上げた。さらに、「カメ」は弟の作った「おだんご」が「卵」になって、それから生まれたものだという話も付け加えた。このように、家族全員が協働することで、死の危険に直面していたクジラが危機を脱し、さらに新たな命が誕生するという壮大な「ドラマ」が、面接室内の中央に置かれた円卓上で、実

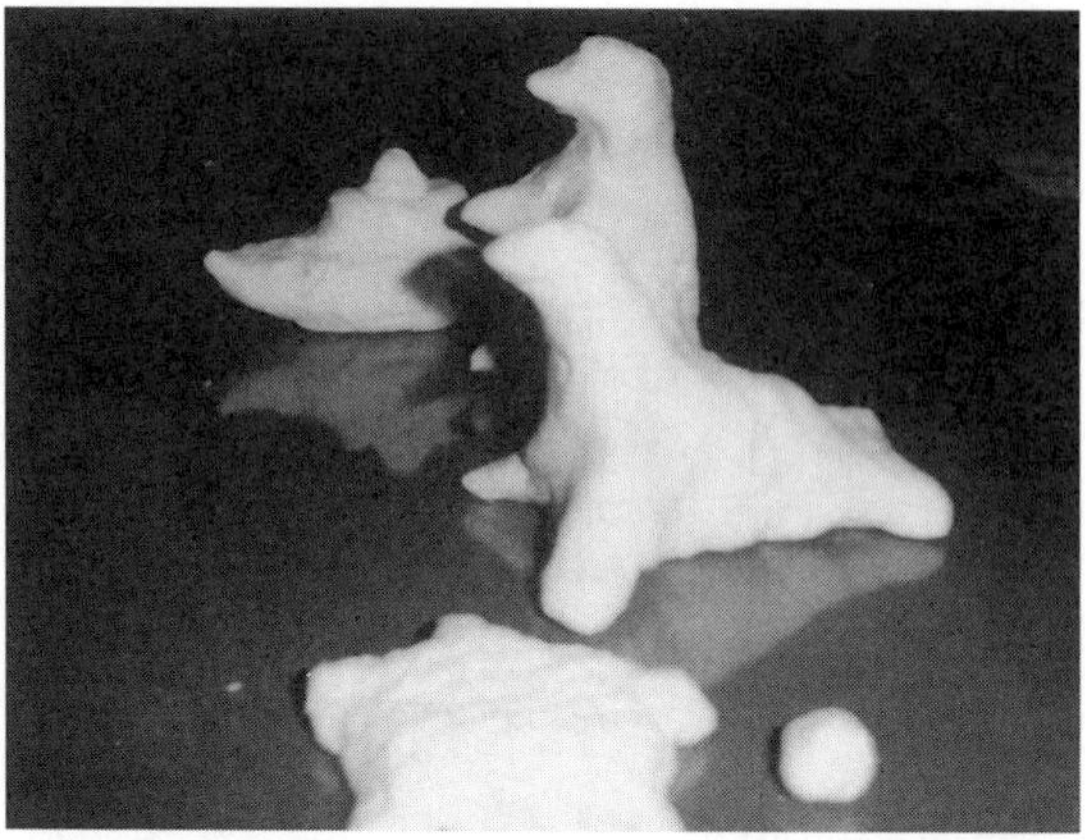

a　全体像

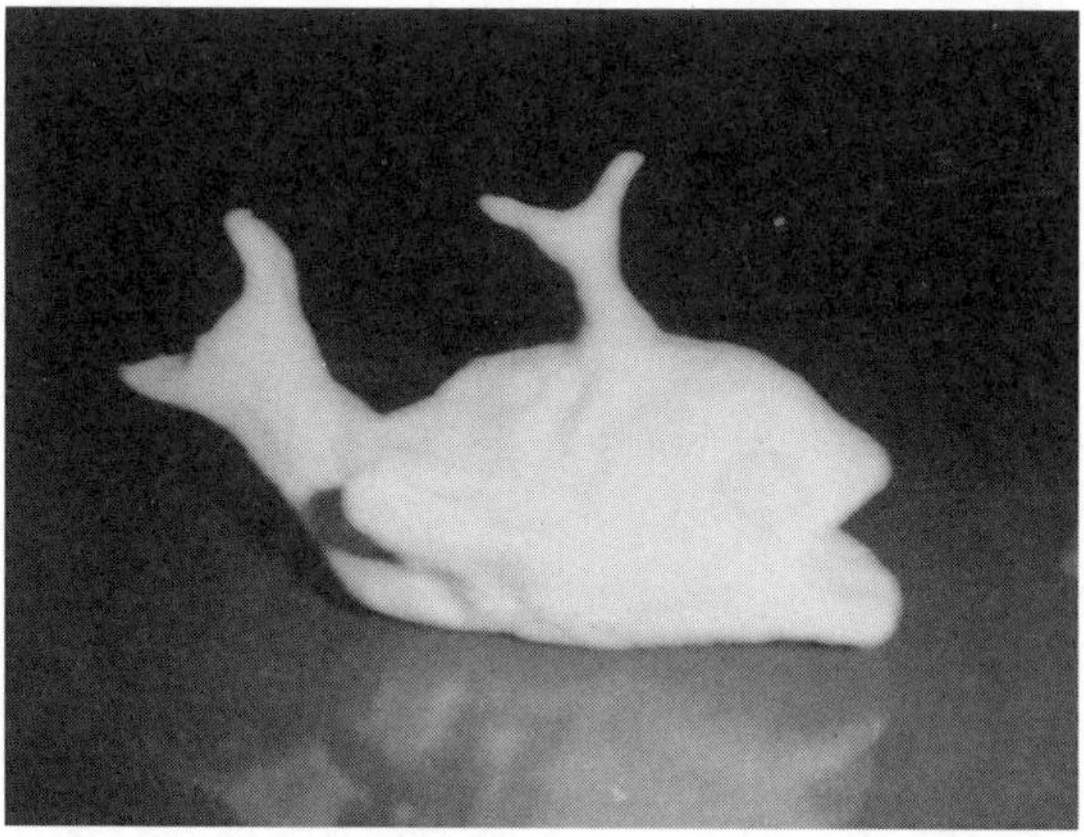

b　脱出したクジラ

写真 3－2　クジラの脱出

にいきいきと展開していった。

粘土造形後の面接で、拓也は、以前に父親から理不尽な叱られ方をされ、そのために父親を恐れていたことを打ち明けた。さらに、今でも叩かれることがあるものの、回数は少なくなり、理由も分かっているので、今では父親を恐れていないと述べた。両親は、拓也を心身両面で受け入れることができるようになってきている。母親は、拓也が求めてこなくとも、自分の方から身体接触を持つようにしている。一方、父親は、来れば拒まないものの、来なければほっている様子であった。そこで、カウンセラーは、理由のいかんにかかわらず、父親が一日一回拓也を抱き上げて、その体重の変化を量る「人間体重計」になるように依頼した。

第八回面接

前回の宿題「一日一回、父親が拓也を抱き上げて、体重を量る」の実施状況についてカウンセラーが確認すると、父親から明確な回答は得られなかった。そこで、カウンセラーはその場で、父親に実行してみるように提案した。父子はお互いに照れた様子であったが、抱き上げられた拓也はいかにもうれしそうで、父親も「重くなったなあ」と、しみじみとした表情で感想を口にしていた。

粘土造形では、前回制作した紙粘土の作品に、水性絵の具で色付けをしていった（写真3－3①、②参照)。絵の具を使ったことのない弟は、絵の具を不器用な手つきで搾り出していたが、みかねた拓也が手本を示す場面が見られた。そのような兄弟の様子をそばで両親はやさしく見守っていた。塗り始めは、四人ともそれぞれ好きなように塗っていたが、できあがってみると、個性豊かな作品にもそれなりの共通点が見られた。また、作業中には、両親間、あるいは親子・兄弟間に縦横に会話が展開し、終始おだやかな雰囲気が家族全体を包んでいた。塗り終わると、絵の具で汚れたテーブルを拓也が率先して拭き始めた。

カウンセラーは、両親にこれまでのことを振り返ってみるように提案した。両親はともに、「非常に良い状態になりました」と応えた。母親は「拓也と夫の間に、お互いへの思いやりが感じられるようになりました」、「口には出しませんが、拓也が自分を好きになってきているのが分かります」と笑顔で語った。また、「夫が子どもたちの相手をすることが少し大変ではないか気になります」とも付け加えた。それを受けて、父親は「一日中というわけでもないので、何とかがんばれます」と、きっぱり応えた。妻からの支えを手に入れ、夫も父親としての自信を取り戻したようであった。

初回面接とは打って変わって、カウンセラーと活発に応答している両親のそばで、拓也たち兄弟は、共同カウンセラーを相手に無邪気に遊んでいた。やがて、弟は共同カ

a　全体像

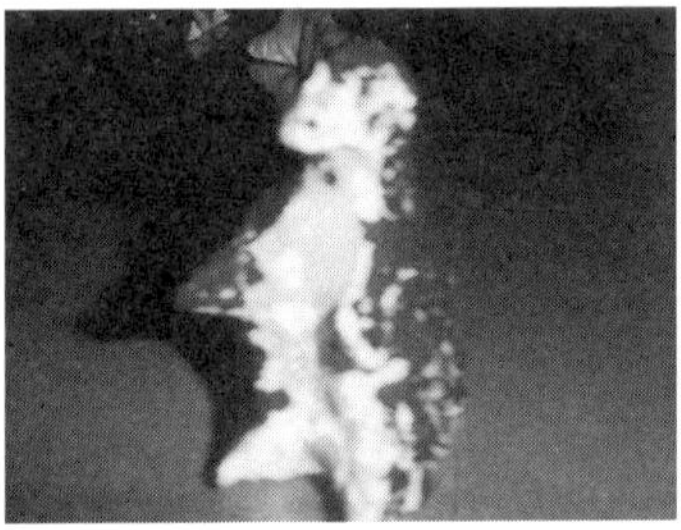

b　ペンギン

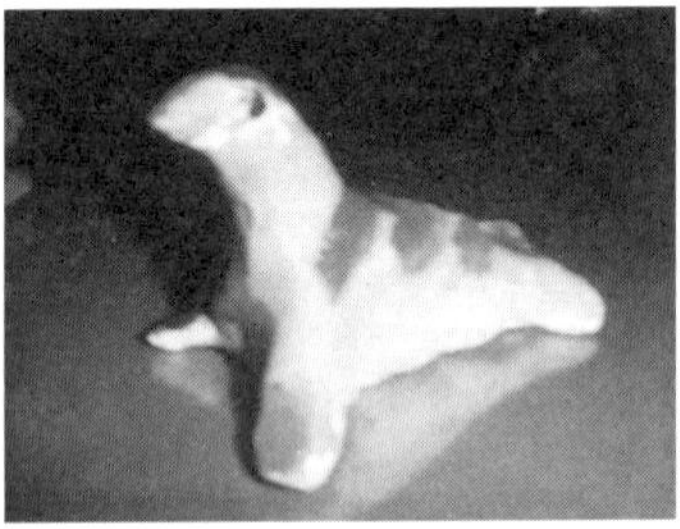

c　アシカ

写真３－３①　着色によって完成した粘土像

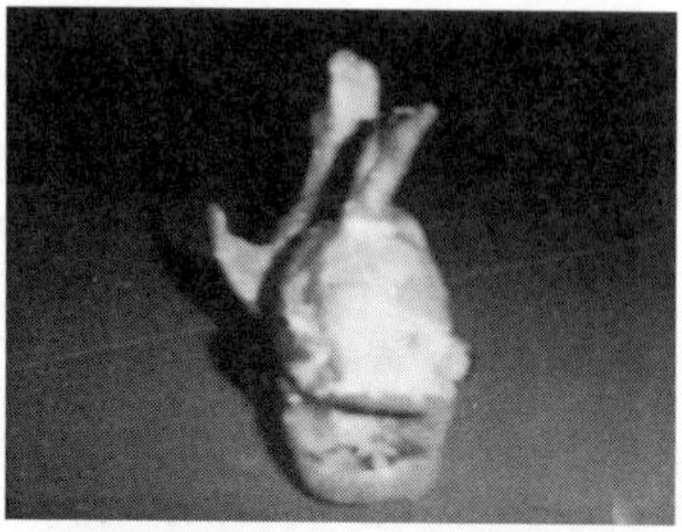

d　クジラ

e　カメとボート

写真3－3②　着色によって完成した粘土像

ウンセラーをからかい始め、兄を誘うが、拓也はそれに応じず、反対に一緒に絵を描こうと提案し、ふたりで絵を描き始めた。その一連の拓也の姿や行動には、かつて弟や母親に暴力を振るっていたときの片鱗すらうかがうことはできなかった。

家族療法的カウンセリング過程のまとめ

この家族の危機は、父方祖父の死に端を発していると理解できるだろう。祖父の死後、長男である父親は原因不明の強い不安感にさいなまれ、その不安の渦に、拓也をはじめ家族全員が巻き込まれていったのではないだろうか。

父親は、自分が幼い頃の実父（拓也の祖父）のことを、なぜかほとんど記憶していなかった。また、自分自身についても思い出すことができなかった。わずかにひどく叱られた体験があることは覚えているものの、その理由や、その時自分がどう思ったかなどについてはまったく記憶がなかった。父親は、祖父から否定された「悪い子」の部分や体験を自分の過去の記憶から消し去っていたのかもしれない。このように、自己像から「悪い子」の部分を全否定していた父親にとって、祖父の急死は、自らの根底を揺るがすような不安感を抱かせる危機要因となった。否定され、抑圧されていた「悪」の部分は、父親の中で再統合されないまま、やがて当時の自分と同じ年頃になった自身の子どもへの暴力となって出現した可能性を否定できない。しかし、理不尽な父親からの暴力を受けた息子は、父親から不安の表現方法を学び、それを自ら行使し始めた。息子の行動は父親の内面を映し出す鏡となり、やがて母親の仲介を経て、家族療法的カウンセリングに参加し、父親は自らの「父親像」と「父親役割」に直面することになった。

家族療法的カウンセリングの体験過程を通じて、父親は子どもたちの善・悪の両面に触れ、その両者が一人の中に共存しうるものであることを認め始めた。さらに、子どもたちとの粘土造形の体験を経て、父親自身も子ども時代を再体験できたのではないだろうか。家族療法的カウンセリングにおける父親の作業は、どこか発掘作業に似ていた。消失していたと思われていた幼児期の記憶は、無意識という「土中」に埋もれていたのである。それを手作業で掘り当て、手持ちの部分（子どもの善的要素）と組み合わせていった。そして、善と悪が共存する「自己像」を再構築していった。妻子が、その発掘作業の助手役を務めたのかもしれない。彼らも粘土造形を通じて、新たな自己像の断片を見出し、四人の作品が調和するようにそれぞれを見比べながら、それを内的な自己像のモチーフとして取り込んでいったように思われる。

この家族合同の発掘作業の成り行きは、粘土造形の進行状況に象徴的に表されていた。家族は、ひとつの主題に基づいて、各自がそれぞれパーツとなる作品を作っていく。互いに見比べて部分的な修正を加え、足りないところを他の家族成員から補ってもらったり、また逆に手助けしたりなどの「協働する行為」（コラボレーション）を展開していった。しかし、このような家族の協働が最初から可能だったわけではない。第三回面接の直前には、母親は夫を家族面接に参加させ続けることに負担を感じて、早くも中断の意向を伝えてきた。そこで、カウンセラーは母親との単独面接を行い、その苦悩を全面的に受け止めるように努めた。カウンセラーは、離婚すら考えつつある母親に、家族面接を継続するかしないかについては、夫婦で話しあって決めるように促した。この時点の直前まで、母親は自分自身の心理的ケアを優先し、ひとりで個人カウンセリングに通うことを決意していたからである。カウンセラーは、あせる母親に、夫や拓也の意向を汲むことも忘れないでほしいと力説した。

この時点が、個人カウンセリングと家族療法的カウンセリングの大きな分岐点だったのである。結果的に、この家族は家族療法的カウンセリングに望みを託したのである。ただし、それは個人カウンセリングの排除を意味しているのではない。この家族が家族療法的カウンセリングを継続する決断ができた前提条件として、母親がカウンセラーとの個別面接を持った事実は軽視できないからである。拓也の母親は、「これまで、自分を好きになれなかった。自分を大切にできなかった。だから、今は、つぶれそうになっている自分自身を個人カウンセリングで救いたい」と、泣きながらカウンセラーに訴えた。その痛切な思いは、カウンセラーのこころを揺さぶった。ただし同時に、カウンセラーには、前回の家族合同面接で粘土造形にうち興じていた父親や拓也の笑顔を忘れることはできなかった。あれは、幻ではなかったはずだ。そこで、カウンセラーは、母親の意向を十分に尊重した上で、決定を家族に委ねることにしたのだった。

このように、個人面接と家族合同面接は、ともに必要とされる家族療法的カウンセリングの基本的な面接構造なのである。両者は、けっして互いを排除するものではないことを十分に理解していただきたい。むしろ、両者の相補的な活用を図るタイミングと、その判断の適切性が重要なのである。

3. 給食拒否に始まった小学生の不登校

小学生の雄太（仮名）の祖父は、戦後まもなく自営業を始めた。現在は、父親の兄が経営責任者となり、父親は従業員として勤務している。一家は、両親と雄太、幼稚園児の弟の四人家族であるが、隣に父方祖父母の家があり、父方祖父母と父親の姉が同居している。父親は仕事に追われ、連日の深夜帰宅や休日出勤が続いていた。

雄太は、幼稚園の頃から登園を嫌う傾向があった。軽い喘息があり、二年生になってから給食を嫌って登校しないことが続くようになった。不登校が顕著になり始めた段階で、父親が強制的に登校させたこともあったが、しだいにそれもできなくなっていた。家庭では母親に暴言を吐き、母親は雄太の扱いにすっかり自信を失っていた。

家族療法的カウンセリングの過程

雄太の学校での様子を心配した養護教諭の勧めで、母親はカウンセラーに心理的援助を求めてきた。カウンセラーは家族療法的カウンセリングの趣旨を説明し、雄太の問題解決のためには、家族全員の協力が必要であることを伝えた。母親は最初、夫は多忙を理由に参加しないとみていたが、「一度だけでも良い」とのカウンセラーの言葉に安心したのか、母親は家族全員での来談に同意した。

家族は、初回から全員そろって来談した。雄太は神経質そうではあったが、カウンセラーにも自分の言い分を主張できる子どもであった。母親は、弟に比べて要求や不満の多い雄太をもてあましていると訴えた。

涙を浮かべながら、切実に悩みを訴える母親に比べて、父親はただそこにいるだけという印象が強かった。問題発生の直前に、近隣の母親の友人が工場移転に伴なう人事異動のあおりで多数転出していったために、他県から嫁いできた母親は孤独感を深めていたことがわかった。しかし、多忙な夫はその妻の胸中を理解できないままでいたのである。

父親は出口を失った妻に懇願され、面接室にやってはきたものの、いったい自分が息子の不登校について何をどうすべきか、まるで検討がつかない状態であった。この数ヶ月間、学校に行けない雄太と一日中鼻を突き合わせてきた母親は、父親以上にやり場のなさをかかえていた。それは、面接場面での雄太に対する母親のそっけない態度にも表れていた。カウンセラーの目に、弟がそばによっていくとごく自然に笑顔で応対する母親が、雄太に対してはそれとなく遠ざけようとしていたからである。

両親の受けが良い弟に対して、雄太はおのずと対抗意識のような感情を抱いていて、面接中も二人で張り合う場面が幾度も見うけられた。そうなると、雄太は両親と弟の三人を相手に回す形になり、結局は家族のなかでも、孤立無援の状態に追いこまれることになる。そのような悪循環のパターンがこの間、雄太の家庭ではずっと続いてきていたことが、カウンセラーにも納得できた。母親との個別面接を続けていたのでは、そのような理解に達することは困難だったと推測される。

家族全員が参加した初期の面接場面で、雄太は次のように訴えた。

雄太「パパは僕にしたらいけないといっていることを、自分ではしている。パパもママも僕の話を聞いてくれない。僕ばっかり叱られる。僕には無理にさせることでも、弟なら許してもらえる。不公平だ」

これに対して、父親は隣の実家の生活リズムに合わせざるをえないからだと、批難の矛先をかわそうとした。母親も、夫の実家の人々との軋轢が問題だと指摘した。いずれにしろ、雄太の不満に象徴される家庭内の問題解決に、父親がもっと関わって欲しいと母親が感じていることが浮き彫りになった。また、父親も不登校の長期化については何らかの役割を果たそうとする意欲は見うけられた。そこで、カウンセラーは子どもたちの希望に沿って、以前に寝物語を話し聞かせしていた習慣を復活するように、父親に依頼した。

こうして、陰の薄かった父親の存在感が増すにつれて、第四回の家族面接の時点で、雄太は母親同伴ながら登校できるまでに回復した。しかし、ここから先の進展は、それほど簡単ではなかった。面接を深めるうちに、父親の実家との関係をめぐって夫婦喧嘩の絶えない時期が続いていたことが判明した。その後も、雄太は登校するものの、保健室に留まり、教室へは入れない状態が続いた。

そこで、カウンセラーは第六回面接で、家族全員で「粘土造形」に取り組むように誘った。最初は、個別に自由に造形してもらい、数回後に合同製作を依頼した。ここで、雄太の父方実家との関係を深層レベルで理解する、絶好のチャンスが訪れた。それは、父親の提案で作った「家」という主題の粘土造形が、雄太の家と同じ敷地内にある父方実家とその「関係」を、そっくり再現していたからである（写真3－4参照）。このテーブル上の粘土造形を、家族全員が取り囲んで見守るうちに、雄太が「（三歳の頃）おばちゃんとママが家のことで喧嘩した時に、僕は『ここはおばちゃんのうちじゃない。僕たちのうちだ』といって、ママの味方をしたんだよね」と言い出した。この母子にとっての辛い過去の再現ドラマをきっかけとして、父親は自分達家族と実家との間に明確な心理的境界線を引くことが必要だと痛感したよう

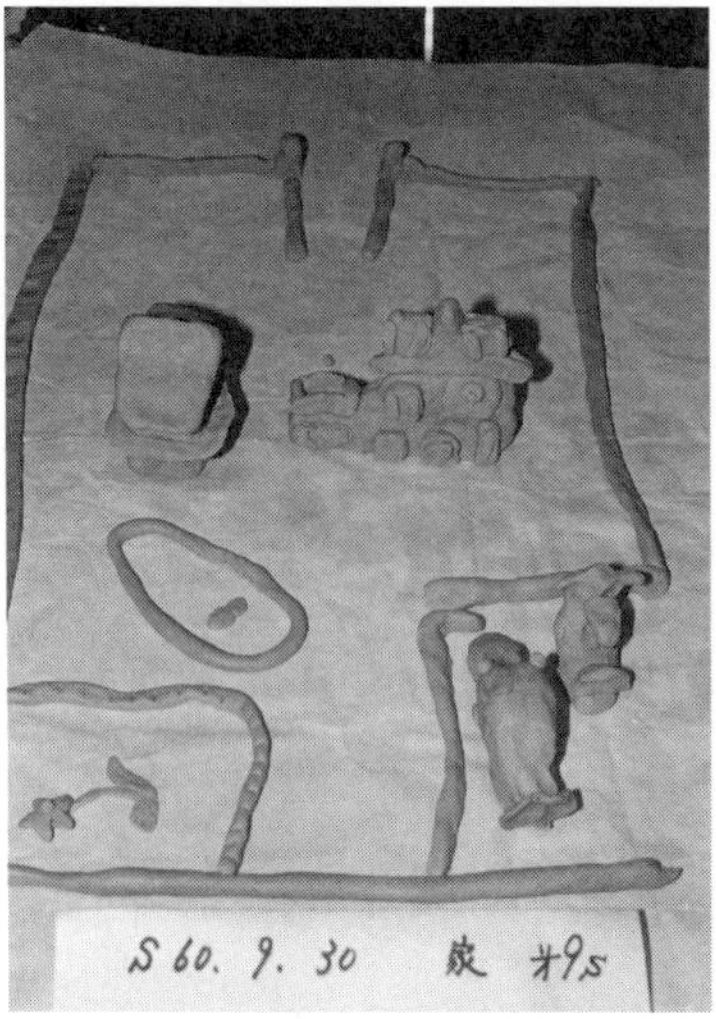

写真３－４　二軒の家

であった。この回以後、雄太は急速な行動改善を示し、友達のいる教室に母親の付き添いなしに居続けることができるまでになった。

やがて、家庭内でも父親のリーダーシップが発揮される場面が増え、同時に雄太は友達との交友関係を広げていった。複数の友達が自宅に遊びに来るようになり、逆に雄太が友人宅に遊びにいくようになり、一五回で終結した。終結時の合同で創作した粘土造形は、雄太の提案で、「野球場」が作られた。父親が野球場を囲む「フェンス」、母親が「照明塔」を作った。最後に、雄太がエースの「ピッチャー」像（理想化された自己像を表しているものと推測される）を完成させ、にっこりほほ笑みながら野球場のど真ん中に誇らしげに置いた。カウンセラーは、雄太の満足そうな表情を見て、その成長に確かな手応えを感じた。なぜなら、まだ不登校状態にあった面接の初期段階で、初めて粘土に触れた時、雄太は自分では作品を作れず、父親や弟の作るものに気を取られてばかりいたからである。

その後の経過

上の学年に進級した雄太はサッカー部に入部し、それまでの遅刻常習とは打って変わって、早朝練習にさえ積極的に参加するようになっていた。母親の話では、家庭内が明るくなり、父親が子ども達に積極的に関わるようになっていた。

家族療法的カウンセリング過程のまとめ

雄太の不登校傾向は、すでに幼稚園の頃から始まっていた。工場移転に伴う多くの友人の転居により、母親が孤立感を深めるに従い、雄太の不登校も顕在化した。友人を一挙に失い、また多忙な夫に不満を打ち明けることもできない母親は、神経質で自己主張の強い雄太の言動に刺激されることが多く、感情的になることでさらに雄太との葛藤を強める悪循環に陥っていた。

雄太の不登校の背景に父親の原家族との関わりがあることは否めない。父親の職場の責任者は実兄であるが、経営よりも宗教活動に熱心であり、弟である雄太の父親に仕事の負担が重くのしかかっていた。父親の妹の夫も同じ会社に勤めていたが、これまた責任感の乏しい人間で、そのしわ寄せも受けていた。母親は、結婚初期に同居していた夫の姉との葛藤を経験していただけではなく、母屋の祖父母宅に頻繁に里帰りしてくる夫の妹と五人の子どもの奔放な言動に、苛立ちを覚えることが多かった。父方の原家族の人々にとって、雄太の一家は身内の人間でしかなかったのかもしれない。父親族の関係と同族経営という仕事上の関係が混在していることが、公私の区別がつかない傾向にいっそう拍車をかけていたようだ。

カウンセラーは、初期の段階で、雄太と弟に父親にしてほしいことを尋ねた。すると、ふたりは、父親が以前は夜になると枕元で自作の話を聞かせてくれていたことを思い出し、また再開してほしいと言い出した。母親も、その習慣を復活してほしいと助け舟を出した。妻子からの強い要望を受けて断れなくなった父親は、当惑しつつも「週末であれば、やってみよう」と約束した。その回答を聞いた兄弟二人は、大喜びであった。これをきっかけとして雄太は母親同伴での登校が可能になった。

しかし、雄太の不安感は軽減せず、心気症的な訴えも改善しなかった。そこで、カウンセラーは両親を対象にして、リラクセーション訓練の説明を両親にした後で、父親に実際に雄太を相手に数回練習してもらった。このリラクセーション訓練がさほどの支障なく実行されたことを受けて、カウンセラーは家庭でも継続するように勧めた。

カウンセリング過程の中盤以降は、カウンセラーによる働きかけの重点は、粘土造形場面に移っていった。最初のうち、父親は自分の作品を作ることに没頭しがちであった。しかし、カウンセラーが家族合同での制作を提案し、そのまとめ役を依頼すると、それまでとは違って、妻子に具体的な指示を出し始めた。主題も「家」と決定し、自らは家を囲む「塀」をつくり、さらに敷地内に一軒の和風の家を作り上げた。すでに父親の指示で子どもたちが家を一軒作っていたので、結果的に塀で囲まれた敷地内に二軒のうちが建っている「家」ができあがった。両親は、これを未来の自分たちの「家」であり、一軒は子どもの住む家であり、もう一軒は自分たち親が住む家だと説明した。しかし、カウンセラーは、その未来の「家」が、現実の雄太の「家」の構図とまったく同じであることに注目した。まさしく、世代が連鎖し、親子二世代が同じ敷地内のふたつの家に住む構図が予見的に造形されていた。

カウンセラーがその点を指摘すると、話はおのずと過去のできごとへと向かい、父方祖父母宅と雄太の家族との間で繰り返されてきた葛藤の場面がよみがえってきた。母親と雄太が、その渦中にいたことが、いくつかの辛いエピソードの回想によって明らかになった。それが、面接室の円卓の上に家族全員の手で作り出された「隣接する二軒の家」を目の前にして行なわれたのである。この体験は、両家族の境界に位置する父親にとっても強いインパクトを与えた。父親は、自分の実家と自分自身が形成しつつある「家」との間に、どこかで明確な「一線」を引かねばならないことを痛感した。そうしなければ、妻と雄太が感じてきた家族ストレスを減らすことはできないと気づき始めたのである。

カウンセリング過程終盤の粘土造形では、カウンセラーから「私の家族」という主題を提示した。この回は、まず一軒の家と雄太の家族だけに限定して作られた（母親の強い主張による）後で、そこに、父方祖父が訪問してくるという物語ができあがった。この時点では、雄太の不登校は姿を消し、カウンセリング終結後は、無事に上の学年へと進級し、スポーツの部活にも積極的に参加できるようになったことが確認できた。

この事例でカウンセラーは、父親が実家の家族関係からいったん自己を心理的に分離して境界を設定することが鍵になると判断した（亀口、一九九一；亀口、一九九八）。さらに、父親が妻や子どもとともに心理的な「核」を確立する象徴的体験ができるように工夫し、配慮することが必要だとも考えた。家族全員でその作業に取り組むことで、雄太は安定した「こころのベースキャンプ」を確保した。雄太は、そこを「こころのエネルギー供給源」として活用し、自前の物語をつむぎだすべく、現実世界でのチャレンジを開始したと理解できるのではないだろうか。

4．祖父の孤独に付き添った中学生の不登校

裕子（仮名）の家の隣には、八〇歳を越す母方の祖父が伯母一家と一緒に暮らしていた。裕子は幼い頃から、この祖父とは仲良しであり、いわゆるおじいちゃん子であ

った。父親は、単身赴任や長期出張が多く、裕子の誕生以前から年に数回しか帰宅しないことも多く、また無口な性格から子どもとの交流はきわめて乏しかった。母親も家事よりは仕事を好むタイプで、ずっと図書関係の仕事を続けていた。さらに裕子が小学校の六年生になってからは、帰宅後もＰＴＡの会合に出かけることが多く、在宅時間は短かった。つまり、幼いときから裕子は下校後も両親とふれあう機会は少なく、母親に代わって家事をし、鍵っ子の寂しさをまぎらわすために、おりにふれて隣家の祖父宅に出入りしていたのである。

しかし、小学六年生の修学旅行後に腹痛を訴えて以来、不登校状態に陥ってしまった。あわてた母親は、児童相談所にも数回相談に通ったものの効果はなく、その後はまったく登校しなくなった。中学進学後も数回しか登校せず、さらに自閉傾向が強まったために、中学一年生の時には、精神科に入院した。しかし、無断で退院したのち、自閉傾向は続き、母親にも暴力を振るうようになっていた。やむなく、母親が受容的になることで、裕子の自閉傾向は軽減し、休日には不登校経験を持つ友人と外出できるまでに回復した。しかし、特例措置で二年生になってからも、不登校状態は続いていた。学校の養護教諭の勧めもあり、母親は家族療法的カウンセリングを受ける決意を固めた。

家族療法的カウンセリングの過程

第一回面接

母子そろって来談した。裕子の表情にはあまり暗さは感じられず、服装は大人びており、一見すると高校生のようにみえた。しかし、彼女の発声はかぼそく、またキーが高いために、逆に幼い印象を受けた。カウンセラーは、その両者のアンバランスに注目した。母親は多弁で、表面的には深刻な様子はみられなかった。

裕子の幼児期には、隣家の伯母（母親の姉）が母親代わりだったことが確認できた。裕子は料理好きであり、小学校の四年生の頃から炊事を手伝っていたことを、母親は誇らしげに語った。また、粗雑な自分と違って娘の裕子は細やかな神経をもっているとも評した。カウンセラーは、現状では母娘の関係に強い葛藤がないと判断し、次回までの課題として毎週月曜日の夕食時に家族（出張中の父親を除く、母親と裕子と兄の三人）が集まるように指示した。

第二回面接

この回は、偶然に帰宅していた父親も参加できたために、両親と裕子の合同面接が実現した。前回指示した夕食後の集まりは実行できているが、兄が消極的なためか、三人そろっての話題が続かないとのことであった。母親がどうしても一方的に話すことが多いものの、兄妹の間では音楽などの共通の話題であれば、それなりの会話がなされているようだった。

裕子は、以前には頻繁に祖父の部屋に行っていたが、しだいに足が遠のき、不登校状態になってからは、祖父が裕子の家にやってきて、一緒にテレビを見るようになっている。祖父は、同居している伯母夫婦との折り合いが悪く、一時期は裕子の家で同居していたこともあるほどだったという。しかし、裕子の家でもトラブルが生じ、また伯母の家に戻り、時に他の子どもの家にも出かけていくことがある。このように、祖父は自分の娘たちとの関係は良好とはいえないが、孫の裕子とは気が合い、互いの孤独感を慰めあう関係にあることが、カウンセラーにもわかってきた。そこで、両親に祖父が裕子の子守役として訪ねてくることを拒否せず、二人の仲を認めるように説得した。父親は、まさかカウンセラーから「義父と娘の裕子の関係」を公認するように求められるとは、夢にも思っていなかったようすであった。しかし、両者の孤独感について理解を示した父親は、何かほっとしたような表情をみせていた。母親も、自分たちの子育ての間違いが指摘されるのではなく、実父の存在にカウンセラーが積極的に目を向けたことに対して、これまでのカウンセリング体験とは異なるものを感じ始めたようである。

第三回面接

この日、母と娘はまるでおそろいのようによく似た服装をしていた。その年齢差にもかかわらず、まるで「姉妹」のような印象に、カウンセラーはやや当惑を感じた。家庭では、兄も月曜日の家族ミーティングに積極的に参加するようになり、母親もその変化に驚いている。裕子は登校こそしていないが、本を読み始めている。兄妹ともに勉強はあまり好きではなく、兄は両親の期待に反して高校には行かず、就職している。裕子もアルバイトをしたがっているが、母親は大事な仕事（登校）をしていないことを理由に許可していない。

面接では、裕子が幼かった頃に兄妹ともに母親の（そして父親の）不在を寂しく感じていたことが語られた。母親は、子どもに留守番をさせていたことに後悔の念を抱いていることを表明した。そこで、カウンセラーは、「裕子さんは大事な仕事（祖父の慰め役）を続けること」を、裕子への課題として与えた。ただし、それは同席している母親への間接的な課題（自分と実父との関係への直面化）をも意図していた。

第四回面接

定例の家族ミーティングが自然な習慣となってきている。最初のうちこそ消極的だった兄が、家族との会話を楽しみにするようになっている。裕子は夏休みに知人の勧めでキャンプに参加し、勉強も家庭教師について再開しつつある。このようにして、徐々に再登校への準備は整いつつあった。一方、祖父と裕子の交流は減り、代わりに母親が祖父の様子を見に行くようになった。また、裕子は週末に友人と繁華街に出かけるようになり、電話での会話が増えてきている。

カウンセラーは、裕子に、「二学期から登校するつもりのようだけど、そうなるとおじいちゃんは自分の仕事（裕子の子守）がなくなり、寂しくなってしまうね」と、問いかけた。裕子は、予想外のカウンセラーの指摘にとまどいながらも笑顔で応じた。面接終了時に、「今は退屈かもしれないけど、家にいて家事をすることや、おじいちゃんの面倒を見ることも大事な仕事（言外に登校が重要な仕事であることをほのめかしながら）だから続けるように」という、「逆説的なメッセージ」を与えた。裕子はこの言葉にも戸惑いをみせ、思わず母親の顔をみた。母親はその場を取り繕うように、「そうですね。年寄りは大切にしないといけませんね」と答えたが、あまりうれしくない様子であった。カウンセラーが、再登校のことよりも、むしろ後ろ向きと思える家のことにもっぱら関心を向けていることへの違和感があったからである。しかし、その違和感はカウンセラーにとっては、折りこみずみであった。なぜなら、母親の再登校への期待感が強すぎれば、裕子はおのずとプレッシャーを感じ、退路を探すことになると判断したからである。

カウンセラーは、裕子が追い込まれるかもしれない事態（再登校の失敗）が、単なる現実からの逃避ではなく、祖父を含む「家」を守る選択でもあることを、あらかじめ意味づけようとした。つまり、裕子が家事と登校とを同等の比重で選択できるように家族の物語の文脈を再構成した。この処置によって、たとえ、裕子が再登校に失敗したとしても、それは絶望的な事態ではなく、家族を優先したひとつの選択であるとも解釈できるようにしたのである。古風な表現を使えば、彼女が「義理（登校）と人情（家族）の板ばさみ」の状態に置かれていることを、暗に伝えようとした。カウンセラーは同時に、裕子にとっての安全な「退路」を確保することで、失敗を恐れず再登校にチャレンジできるだろうと密かに期待していたのである。

第五回面接

夏休みが終わり、二学期が始まっても、裕子は母親の期待とは裏腹に登校せず、週末に友人と外出することが多くなった。あげく、母親は登校しなければ外出を許可しないという強硬策を裕子につきつけた。その数日後、裕子は自主的に登校を始めた。その後は、時折登校できないことがあるものの、登校した日は、帰宅後に学校での出来事を進んで家族に話すようになっている。夕食の団欒で、裕子の発言が増え、笑顔も多くなっている。

面接場面では、祖父のことが話題にのぼっても、あまり裕子は関心を示さず、むしろ母親が、実父である祖父の寂しさに共感を見せ始めている。カウンセラーは、裕子が祖父からの心理的分離を遂げつつあることを、肯定的に意味づけ、祖父と母親の親子関係に面接の焦点を移した。

第六回面接

裕子は休まずに登校を続けている。母子間の信頼関係が確立しつつある。体調が余り思わしくないような日でも登校し、試験も全科目受験できている。

母親は、二学期の初めに裕子が再登校を渋っていたときに、外出禁止を告げて強くたしなめたエピソードを回想し、「あの時、母親としての本当の感情を出せました」と、笑顔を交えてカウンセラーに打ち明けた。また、最近の出来事として、母親と隣家の姉が相談して、祖父の八三歳の誕生日のプレゼントとして、近所の老婦人と一緒に演芸場に招待する計画を立てていることや、祖父がその日をたいそう楽しみに待っていることなどが、語られた。

第七回面接

登校は継続し、友人関係も安定していることが確認されたために、今回で終結とした。六ヵ月後のフォローアップの結果、問題の再発はなく、父子間のコミュニケーションも改善されていることを確かめることができた。

家族療法的カウンセリング過程のまとめ

この事例では、隣家の伯母一家との交流が極めて密接であったこと、とりわけ母方祖父の存在が、裕子の不登校と深い関わりがあることが仮定された。そこで、裕子の在宅行動（つまり不登校をしていること）を、「祖父から見守られ、かつ自らも孤独な裕子が高齢の祖父を見守る仕事」として、肯定的に意味づけした。そのうえで、裕子にその仕事（不登校）を中断しないように指示する逆説的メッセージを、母子に伝えた。

裕子が、その指示に反抗しない態度（不登校の持続）を示したために、母親は対抗措置に出て、裕子に外出許可の条件として登校を促した。裕子がその指示に従って登校を再開した時点で、祖父の世話は、娘である母親や伯母の仕事であることを理由にあげて、カウンセラーは、裕子の変化（再登校）を肯定した。

従来のカウンセリングの枠組みにとらわれていた段階では、裕子の不登校にのみ視野が限定されていた。しかし、裕子を除く家族の誰からも顧みられていなかった母方祖父の孤独感に、母親をはじめとする家族の関心を集中させることによって、母子関係のみならず、伯母一家を含む拡大家族のシステムに変化が生じた。カウンセラーの逆説的介入もあって、それまで不透明であった家族システムの問題点と解決策が浮き彫りになった。家族をつなぐ、いわば「見えざるかなめ」の役割から解放された裕子は、世代の異なる祖父ではなく、同世代の友人との関わりを深め、やがて学校生活への復帰を果たすことができたのである。

この事例のように、問題の発生要因を家族の中に求めるのではなく、むしろ解決のための資源として、拡大家族を含む「家族関係」に視野を向けることで、思いがけない人物の隠れた肯定的役割を発見することもできる。このような家族療法的カウンセリングの発想法は、「母原病」や「家原病」といった、家族に心理的問題の原因を還元させる発想法（直線的因果論）とは、似て非なるものであることを理解する必要がある。家族療法的カウンセリングにおいては、「家族」はカウンセラーから、何らかの「責め」を負わされる存在ではなく、ともに協働して解決の資源を探し求める協力者として位置づけられる。このような理解があってこそ、逆説的アプローチが効果をあげるのであって、カウンセラーがトリックめいた方法で家族を操作し、問題を除去しようとする類のものではない。

5. 犬に救われた不登校中学生とその一家

恵子（仮名）は、中学一年の一学期から不登校となり、以後ほぼ一年近く家に閉じこもる日々が続いている。両親は、教育相談に通ったが、事態に変化は見られなかった。

家族療法的カウンセリングの過程

第一期

第一回面接

両親と父方祖母が来談した。不登校の初期には、両親ともに体罰を含む強い叱責により登校を強制したが、恵子が逆に妹達にその苛立ちをぶつけるようになったため、次第に放任するようになった。中二の春以来、とりわけ生理時には情緒不安定となり、泣くことが多く、ペットの犬以外は家族をそばに寄せつけないという訴えが母親から出された。

面接場面では、父方祖母の発言が優勢であり、父親はほとんど発言しなかった。祖母が親役割を維持しているために、両親は子供世代の一員にとどまり、明確な世代間境界は引かれておらず、思春期に達した恵子だけが家族境界の外側にはみ出した状態になっているのではないかとの仮説設定がなされた。

第二回面接

両親と妹二人が来談した。恵子の心身の不安定さが家族全体に影響を与えているが、恵子自身は疎外感を強く持ち、犬と祖母が部分的な安全地帯の役を果たしている。カウンセラーは、ペット、祖母、恵子は、いずれも「境界的存在」としての共通性を持っているのではないかと考えた。

そこで、「恵子は命令されることを嫌います」という父親の発言を受けて、カウンセラーは、「命令されることが嫌いな人間は、命令することは好きなことが多いので、恵子さんに『家族に何か命令してよい』という私からのメッセージを伝えて下さい」と言った。また、次回には恵子が来なくても、犬の顔を見たいのでぜひ連れてくるように依頼した。

第二期

第三回面接

両親、祖母、恵子、次女、三女、さらに犬が来談した。それまで全く相談機関に足を向けなかった恵子が犬と一緒に来談したため、家族全員が勢揃いすることになった。また、前回にカウンセラーが託した「命令許可」のメッセージを母親から聞いた恵子は、喜んで父親と次女に命令（実際はボーリング場に連れて行くこと）を出したとのことであった。

面接場面でも、祖母に比して両親の存在感が希薄であることが顕著になったため、カウンセラーは両親に恵子を含む子供たち全員に、実行可能な身辺自立の課題（机上の整理など）を出すことを両親に提案した。

第四回面接

両親、恵子、次女、三女、祖母、今回は父親の指示で犬は室外に留められた。前回の課題にたいして、父親は母親がいっさい子どもたちに小言を言わず、子どもたちも注意されないようにするという決定を下し、ほぼ守られているとのことであった。父親は「恵子が気持の切り替えができるようになり、（親の言うことが）かなり分かるようになってきたと思います」と、やや明るい表情を見せた。恵子は、最近では友達と遊びにでかけるようにもなっている。

絵画セッションでは、両親と祖母は見ているだけであったが、三人の姉妹は楽しげに大判の画用紙に自由画を描いた。次女が描いた「おかま」の絵に恵子は〈父〉と書き添えた。この一家で唯一の男性である父親の男性性の欠如を娘たちが婉曲に揶揄したことは興味深かった。両親とりわけ父親は、子どもたちが面接の場で、全く動じずにのびのびと絵を描いたことに「われわれの子ども時代と比べると、（子どもたちのふるまいは）想像することもできませんでした」と、率直に驚きを示した。

描画に両親の参加がなかったことを理由に、用紙を渡して次回までに家族全員で絵を描いて（テーマは与えず）持参するように課題を出した。

第五回面接

両親、恵子、次女、三女、祖母が来談した。今回は、犬を同伴していない。前回の課題であった描画には、恵子の提案で家族全員（犬を含む）の似顔絵が描かれ、その周囲には色とりどりの花が配されていた。恵子は一〇日ほど登校し、運動会にも参加できたため、家族は喜んでいた。しかし、その後再び不登校状態になったことも報告された。姉妹喧嘩の際に、両親が恵子に非があるときめつける傾向があることを恵子から指摘されたため、親自身の対応にも問題があったことを両親が自覚し始める。面接場面では、カウンセラーは夫婦間の微妙なズレを強調してフィードバックした。父親からの発言が徐々に増えてきた。課題としては家族全員で何か物語を作ってくるように指示した。

第二期

第六回面接

両親、祖母、恵子、次女、三女が来談した。家庭では、恵子は祖母を手伝って夕食を作るようになっている。姉妹の喧嘩は以前のように激しくはない。一方、父親の焦燥感が募り始めている。前回に出された物語作りの課題は、母親は恵子の相手をしたものの、父親は参加しなかった。

面接場面では、カウンセラーが問題解決のための具体的な指針を与えてくれないので不安であるという訴えを、父親が率直に表明した。カウンセラーはその不満を明確にしかも共感をもって受け止めたうえで、以後の面接を展開させた。注目すべき反応として、父親が「恵子は前回出された課題の意味など、何も考えていないのではないか」と指摘したときに、恵子は「そんなことはない。考えている」と、初めてあらわな反発を父親に示した。

両親に今後の恵子の変化の予測をさせた結果を整理して、カウンセラーは「年内は（両親が再登校の可能性はないと予測したことを受けて）登校についてで両親はいっさい口にしない」ことを恵子に約束させ、それを破った場合にはカウンセラーに報告してもよいと恵子に告げた。その際、カウンセラーの口調をあえて命令的にすることで、家族にとっては恵子に登校を強制しないという課題の内容との矛盾を実感させようとする治療的二重拘束の効果をねらった。なぜなら、年内の再登校が不可能だという予測は両親が一致した予測だったからであり、両親がそれに違反することは自己矛盾を生むことが明白だからである。この逆説的な課題によって恵子は少なくとも「年内は」不登校を両親から直接にも、また間接にも非難されない保障を得たことになる。ただし、カウンセラーの断固とした口調のなかに、家族は非許容的なニュアンスも同時に感じ取っていたはずであり、それはやや緊張してカウンセラーを見た恵子の表情にもうかがうことができた。

第七回面接

恵子を除く、祖母、両親、次女、三女が来談した。父親は、恵子の再登校をうながすためには、実力行使も必要だと感じ始めているが、まだ踏み出せないでいることを打ち明けた。犬のあつかいを巡って、父親と恵子の間で葛藤が表面化し、恵子が父親を蹴ったため、父親も蹴り返すできごとがあったという。母親には、格別の変化は見られない。

面接場面では、カウンセラーは治療的二重拘束の態度を取り、一方で、まだ恵子の自主登校が不可能であることを両親に確認させると同時に、父親に何らかの決断を迫る時期であることを口調で感じ取らせようとした。また、夫が強硬手段に出ようとする素振りに懸念を示し、恵子を保護しようとする母親には「強いショックを与えたくないのですね」と共感的にフィードバックした。両親の和戦両様の構えに対して、カウンセラーはそのような相補性こそが望ましい協力体勢であることを伝えた。また、父親自身が厳格な父親の下で全く表面的な反抗をせず、育ってきた原家族での体験が語られた。発言の機会が減っていた祖母もその事実に関しては、積極的に追認した。

終了時に次回は可能であれば、担任教師の同席が望ましいと伝え、少なくとも年内は登校を強制しないように念を押した。

第八回面接

両親、祖母、次女、三女が来談したが、今回も恵子は来談しなかった。父親は、年明け以後も登校しないようであれば、毎日曜日に恵子が楽しみにしている乗馬クラブ通いや家庭教師を禁止する強い態度に出るとの決意を語った。一方、母親は恵子の楽しみを奪ってしまいたくないと主張した。口では強硬手段に出ると主張している父親も、反面では恵子の反発を予想しており、カウンセラーに支持を求めた。カウンセラーは、「方法の問題より、父親の決意の強さが大切です」と言明した。

終了時に、次回は担任の同席が期待されることと、年明け後も冬休み中は厳しい態度を示さないように両親に要請した。

第四期

第九回面接

両親、次女、三女、および担任教師が来談した。三学期開始後、恵子は週後半の登校が可能となる。担任は「恵子さんはあまり気後れすることもなく、以前からの友達ともうまくやっています。学習意欲もあるようです。」と報告した。その後、数日前に家庭で起きた父親と恵子の間の象徴的なエピソードが語られた。その日、まだ登校状態が不安定であることを理由に父親が乗馬クラブ行きを禁止したにもかかわらず、恵子は一人で出掛けた。夕方になって帰宅した恵子を、父親は冬季であるにもかかわらず、三時間以上も戸外に締出した。その直後に、恵子は持続登校が可能になった。また、珍しい大雪の後に妹たちの作った雪のかまくらをのぞく父親のそばに恵子が寄り添う出来事ののちに、父親と恵子の間の対立も緩和できたとの報告がなされた。

面接場面では、恵子の乗馬クラブ通いを巡って表面化した夫婦間の差異に夫婦を直面化させるために、カウンセラーはふたりを向かい合わせで座らせて話し合わせた。同時に、担任とふたりの姉妹については三人だけで中学校生活について話し合わせた。

これらの指示には、五つのねらいがあった。まず、夫婦に互いの見解の差異を明確化したうえで、親としての合意形成の体験を促すためであった。家族の問題に深入りさせた担任には、教師として期待される役割と専門性を再確認してもらうためであった。さらに、姉妹には、これまで脇役に追いやられていた立場から、目前に控えている中学生としての生活のイメージを明確化させるためであった。また、今回参加していない恵子については、特に課題を設定しないことで、彼女がすでに「自立」を果たしつつあることを、カウンセラーが暗黙に承認していることを家族に伝えようとした。同様に、風邪で欠席した祖母については、あえて言及しないことを通じて、実質的な主婦役を「引退」した家族メンバーであり、その祖母に替わって両親が中心的な位置を占める段階に来たことを、来談した家族に間接的に知らせようとした。

終了時に、カウンセラーは「恵子さんが乗馬に行くことは、本人のエネルギー源として見てあげてください」と述べ、また両親には「子どもたちが、あなたがたを今までどのように見てきたと思うか、アルバムを見ながら夫婦で語り合ってください」という課題を与えた。

第一〇回面接

両親、祖母、次女、三女が来談した。恵子の登校は安定し、イライラが減っている。

友人との関係も良好である。しかし、まだ両親が妹達を偏愛しているという感情は消失していない様子である。その話題を契機に、両親とりわけ父親の兄弟葛藤の体験が、ついで祖父との支配・服従関係がクローズアップされた。父親は厳格であった祖父の死後も、とくに対立関係にあるわけでもない祖母（父親の実母）に対してさえ、こころのうちを明かすことはなかったのである。しかし、その事実を表明した父親に祖母が、「この子も歳を取ってくれれば長男（父親の兄）がそうだったように、話してくれるようになると思います」と受容的な願望を言語化したことで、今後の祖母と父親（母—息子）の間の開放的なコミュニケーションが期待可能となった。

家族の家事分担が問題となったので、前回と同様に、座席の位置を変えてもらった。まず、夫婦を向かい合せで座らせて、役割の分担方法を決めさせた。両親の表情には、前回のような戸惑いは見られず、「親子で協働作業をすることに決めました」と笑顔で語っていた。

フォローアップ（六か月後）

恵子の登校は続いている。恵子の家庭教師の観察によれば、家族全体の緊張が緩み、和やかな雰囲気が支配的になっているとのことである。最近では、恵子は高校進学を真剣に考え始めており、犬にはあまり関心を向けなくなっている。友人との結び付きが強くなり、学校生活を楽しんでいる。家族を始めとした他者への配慮もできるようになっている。

家族療法的カウンセリング過程のまとめ

第一期では共働きの母親に代わって主婦役を勤めてきた祖母のパワーが支配的である。実質的には祖母が「親」役割を取り、両親は三人の子どもとともに「子ども」の位置に留まっていた。長女の恵子は思春期に達したものの、同性の母親にも異性の父親にも適切な大人世代のモデルを見出せず、さりとて子ども世代に留まることもできなくなっていた。結果的に家族境界からはみ出し、祖母とペットを命綱にした状態であやういバランスを取る以外になかった（図3－1参照）。

第二期では、前期の家族アセスメントを通じて明確になった恵子とペットとの絆に、問題解決の可能性を期待した。また、「恵子は命令されることを嫌う」という父親の発言から着想した「恵子が家族に命令してよい」というカウンセラーからの逆説的メッセージにも鋭敏な反応を示した恵子は、犬と一緒に面接室に初登場した（いうまでもなく、犬は恵子の命令には良く従う）。この時点でカウンセラーは恵子や家族関係の病理性ではなく、ペットという準家族構成員ではあっても人間ではない、「境界的存在」を媒介とした家族関係の組み換えに、かなり肯定的な見通しを持つことができた（図３－１参照）。

第三期では、家族境界内への復帰にともなう、恵子の心理的安定化とは裏腹に不登校状態の持続によってもたらされた両親（特に父親）のフラストレーションをバネにして、カウンセラーは両親間の認知的差異を強調した。これは祖母の「親役割」を相対的に弱め、両親こそが恵子の「親役割」を取るべきであることを、カウンセラーが家族に間接的に伝える意図も含んでいた。事実、祖母は「学校のことは親が判断してもらわないと」と発言するようになった（図３－１参照）。

最終の第四期では、前期で明確化した両親間の恵子に対する養育態度の差異を、今度は逆に一致させる話し合いを促進し、夫婦を包む境界膜（両親連合）の強化を計った。それによって、あいまいであった祖母と両親間、および両親と恵子間の二つの世代間境界を明確化できると判断したからでもある。また、恵子が一歩先んじて自立することによって、それまで成績の良い次女によって脅かされていた同胞階層内の地位を確保することにもつながるからである（図３－１参照）。

不登校状態に陥った孫娘の問題をかかえた三世代同居家族の事例を提示して、家族

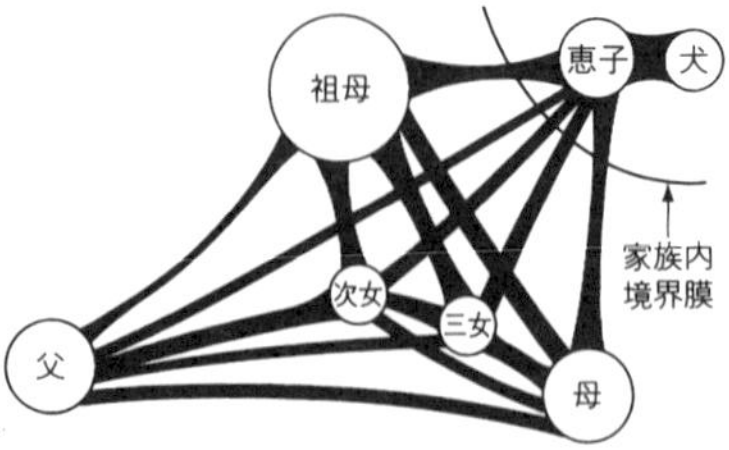

a．第1期・恵子を欠いたE家の家族システム

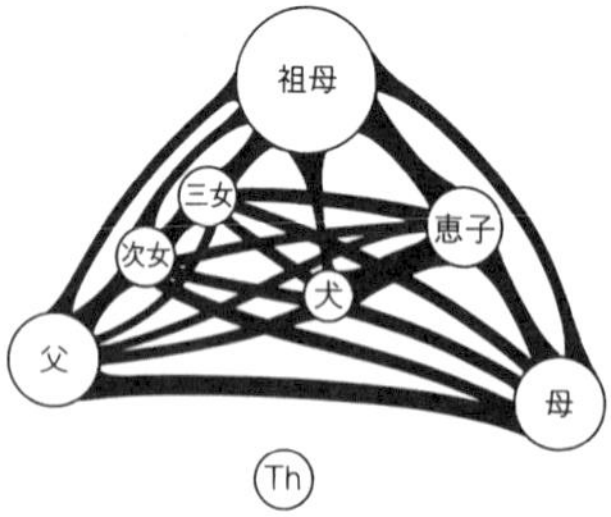

b．第2期・ペットを媒介とした家族システムへの治療的接近（Thは治療者を示す）

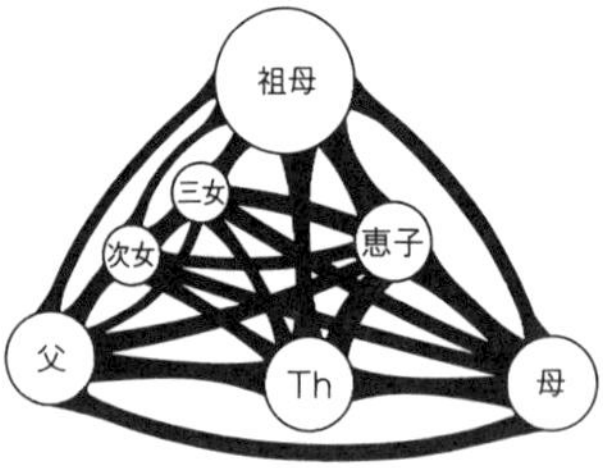

c．第3期・治療者を媒介とした家族境界膜の組み換え

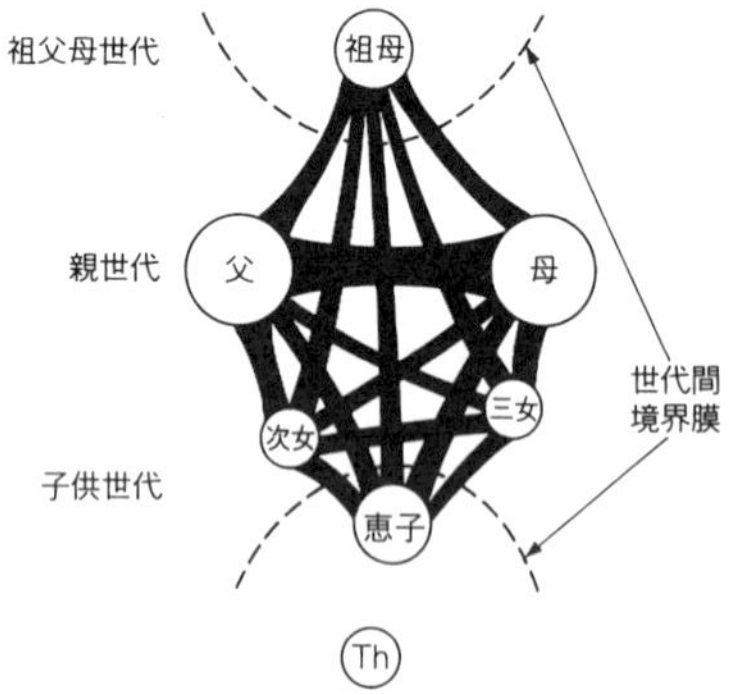

d．第4期・夫婦境界膜の強化による家族境界膜の再構造化（恵子の自立と祖母の引退）

図3－1　3世代同居家族システムの治療的変化

療法的カウンセリングの進行に伴う家族関係の変化を詳細に見てきた。この一家の事例を通して私が再認識したことは、二つの世代間境界に同時に注意を向けておくことの必要性であった。つまり、祖父母と親の間の世代間境界と親と子どもの間の世代間境界の両者は相互に関連しており、決して一方だけに目を向けていては三世代家族関係の勘所を押えることはできない。卑近なたとえを使えば、「モグラ叩き」のように表面に見えているものだけを追い続けても成果は上がらない。カウンセラーが面接での話題の内容にとらわれず、時に祖父母の側に、あるいは親の側に、また子どもの側に常に視座を移動させ、世代間境界をはさむ双方の立場や言い分、あるいは見通しを取りあげていく。そのような柔軟で共感をともなった中立性をカウンセラーが保つことで、二つの異質な世代間境界が次第に姿を表わし、混沌としていた三世代の家族関係に、新たな「秩序」が生れる。その時、祖父母世代は安心してそれまでの座を次の世代に譲り、さらに孫の世代は勇気をもって自立への第一歩を踏み出せるのではないだろうか。

6. 親子で向き合った引きこもり問題

紀夫（仮名）は中学校で不登校になり、高校には入学するものの、やはり不登校状態は改善せず、中退のやむなきに至った。その後、通信制の高校に籍を置いているが、対人緊張がさらに強くなり、乗り物にも乗れなくなった。最近では、家庭内各所の不潔さを嫌い、強迫的に手を洗うようになっている。精神科での投薬によって幾分落ち着いてはいるが、親子関係を改善する必要性を本人も両親も感じており、家族合同面接を希望しての来談となった。

家族療法的カウンセリングの過程：

第一回面接

両親、紀夫、弟の家族全員が来談した。紀夫は、唐突にしゃべり始めることが多い。両親は、紀夫のさまざまな訴えにすっかり当惑している。とりわけ、父親は紀夫の顔を終始正視できないままであった。紀夫はカウンセラーに気なることを訴え、しきりに「変に思いますか？」と、尋ねた。当てにならない両親の代わりをカウンセラーに求めている様子であった。母親と弟は、尋ねられない限り、会話に参加しようとしなかった。父親と紀夫は、母親に同意を求めようとしていた。全体に会話がぎこちなく、紀夫が、むしろ場の主導権をにぎっているようであった。

第三回面接

この回では、ＦＩＴを実施した（図３－２を参照）。欠席した弟については、自宅での実施を依頼した。両親と紀夫は、互いのＦＩＴをしばらく黙って見比べていた。紀夫のＦＩＴでは母親と紀夫が太い線で結ばれているのを見て、母親が「なんとなくわかる」とつぶやいた。それに対して、紀夫は「結びつきがあるのは恥ずかしいことなの？」と述べた。母親のＦＩＴでは、紀夫から母親に矢印が書き込まれているのを見て、「お母さんは僕のことを思っていないの？」と尋ねたが、母親は苦笑しながら言葉を濁した。

紀夫のＦＩＴでは、点線で描かれた関係が多いことをカウンセラーが指摘すると、「お父さんは弟に勉強を教えたり、怒ったりする。母親とも喧嘩したり、そうではなかったり、自分ともよくわからない」、「弟とも喧嘩するから、わからない」と答えた。ここから、全員の会話が活発になり、両親間でささいなことから口論になることや、弟が他の家族に挑発的なふるまいをするために、しまいに父親から叱られる羽目にな

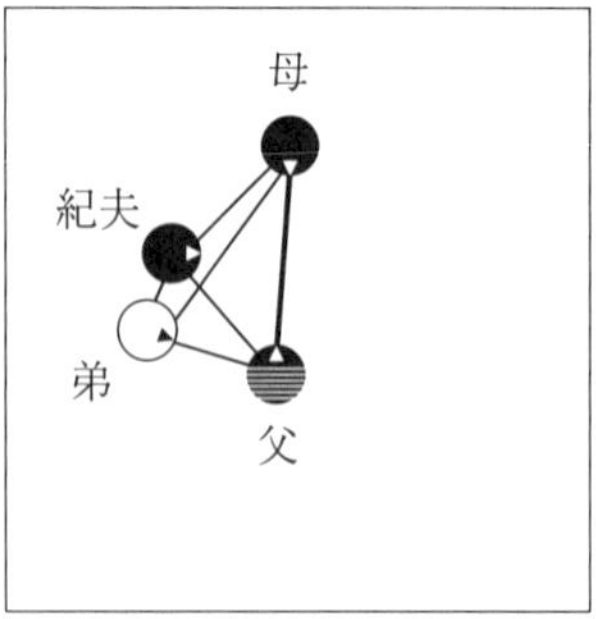

父のFIT

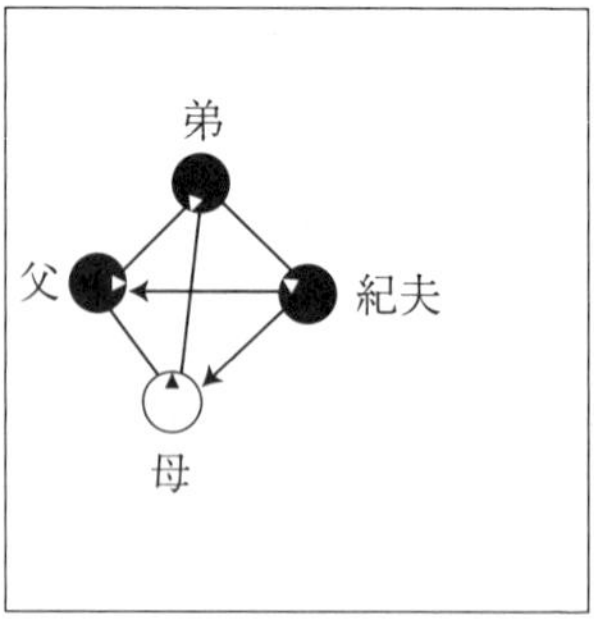

母のFIT

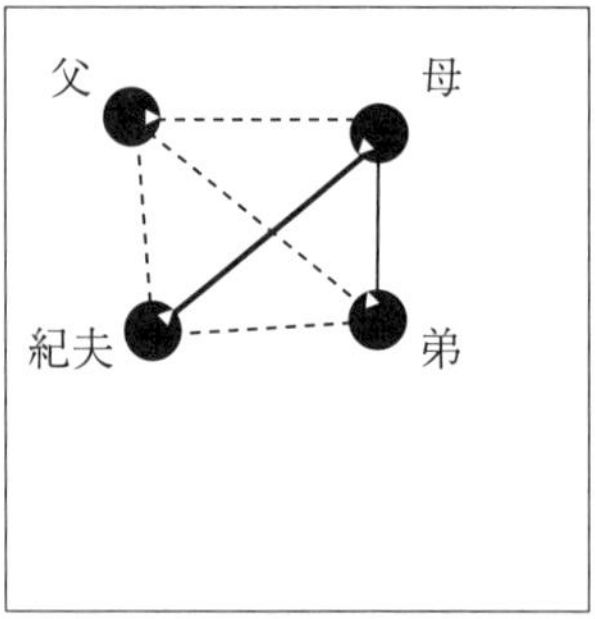

紀夫のFIT

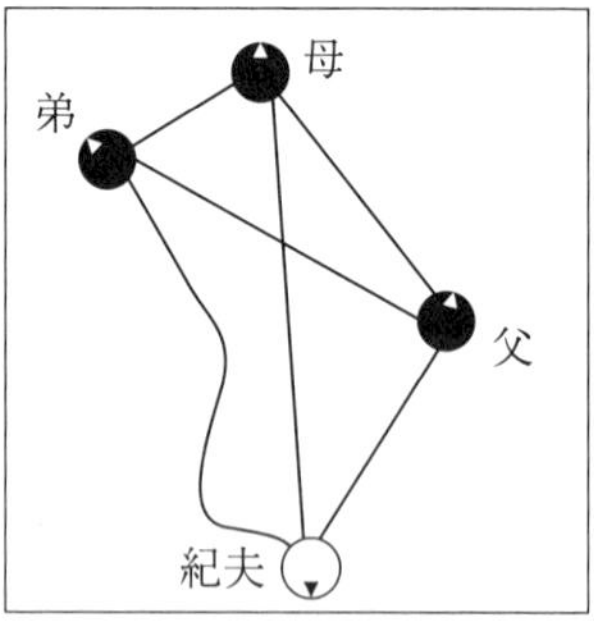

弟のFIT

図３－２　紀夫と家族のFITの比較

ることなどが語られた。

第四回面接

この回では、家族粘土法を用いた。父親は船を作りかけたが、途中でオットセイのような自分でも「よくわからないもの」を作り上げた。紀夫は、粘土の塊の一部を母親に渡して、自分の作品「ボールを蹴る人」を作り始めた。母親の作品は、独身時代にやっていたという「抹茶茶わん」であった。父親はさらにボールのようなものを作り、それを雪だるまに変えていった。母親は抹茶茶わんを崩し、お菓子のタルトを丁寧に作り始めた。紀夫は戦車を作り始めた。

ここで、家庭での紀夫の勉強法をめぐる親子間の葛藤が話題となり、つづいて弟が家に居ることを嫌い、近所の親類の家にいりびたっていることが話題になった。家庭で、紀夫が、弟に対して親代わりのような言動をとっていることが推測された。

第六回面接

このころから、紀夫は大検を受験することを意識し始めた。しかし、父親は、紀夫の勉強は不十分だと感じており、不満をもらした。紀夫は、それに反論した。この際の父子のやりとりから、紀夫は「父親が怒っている」と指摘したが、父親はそれを認めず、口論のようになった。紀夫によれば、家庭で示す父親の怒りのサインは、扉を

「バン」と強く閉めるなどの行動だという。他方、母親によれば、夫の最近の不機嫌さの理由は、自分がパートに出始めたために夫が帰宅した際にいないからだとのことだった。

紀夫は、自分と弟に対する両親の養育態度（叱り方）の違いを指摘した。さらに、その違いは、両親の学歴の差からきていると主張した。この唐突な指摘に、両親はともに当惑していた。

第七回面接

紀夫と父親がドライブに出かけるなど、両者の関係に変化が現れはじめている。受験勉強を続けているが、高校を中退したことへの後悔の念も語られた。

第八回面接

この回の面接場面で、紀夫と父親が正面で向き合った対話ができるようになる。紀夫は、最近の変化として、電車に乗り、映画を見に行くことができたこと、それ以後は電車に乗る際の緊張が緩和したこと、また父子でドライブに出かけていることなどを語った。また、バイトを探し始めているとも語った。この回の重要な出来事として、父親が「（紀夫は）最近、朝早く起きるようになりました」と、初めて紀夫を直接に肯定する言葉を発した。

第一一回面接

大検の合格通知があり、紀夫は一科目を除く全科目で合格した。家庭内でのコミュニケーションにまだ齟齬があることが、両親と紀夫の間で活発に話し合われた。その内容は、家族内のコミュニケーションに問題ありというものであるが、少なくとも親子三人がそれぞれの言い分をほぼ平等に言い合えていることは確認された。これは、初回面接時の緊迫感に満ちた雰囲気とは明らかに異なっており、家族療法的カウンセリングの直接的な効果として確認することができた。

家族療法的カウンセリング過程のまとめ

再度、図3－2のＦＩＴを参照しながら、この家族のイメージの特徴や問題点を振り返って見ることにしよう。まず、各家族成員が描いた紀夫の位置に注目してみよう。紀夫自身は、自分と母親の関係および弟と母親の関係以外は、すべて点線で描いている。つまり、母子関係以外の家族成員間の関係については、「よくわからない」ということである。このことは、紀夫が母親との「血縁」以外の家族関係については曖昧模糊としたイメージしかもてていないことを示している。この心理的状況から判断すれば、紀夫が母子密着せざるを得ないことは明らかである。

いっぽう、母親のＦＩＴを見ると、紀夫との関係は「普通にある」ものの、矢印は紀夫から母親に向けられたもののみで、明らかな紀夫の「片思い」を表している。しかも、関心を示す鼻の向きは、弟に向けられている。これでは、紀夫が唯一頼りにする母親からさえ無視されていると感じるのは、無理のないことかもしれない。ただし、母親にとって見れば、男三人の家族に取り囲まれ、唯一の女性である自分がもっとも弱い存在だと感じていたのだろう。紀夫と母親の双方の家族イメージ、とりわけ母子関係の認知に大きなズレのあることが、ＦＩＴによって明らかになった。しかし、この「ズレ」の存在自体が、母と紀夫によって共有されたことは、その後の家族面接の課題になることが自覚された点で、有意義であった。

また、弟のＦＩＴも貴重な家族の内的イメージの一端を提供した。弟のイメージでは、家族全員が外側を向き、互いに向き合う関係はどこにも描かれていなかった。兄の紀夫は図の最下部に描かれ、そのパワーは最小であった。弟が描き出した兄と母親の関係は、兄本人が描いたものとはまったく異なっていたのである。

つぎに、両親のＦＩＴを比較してみよう。紀夫の両親が、自分たちの関係を互いにどのようにちがってイメージしているかについては、図を見ればすぐに理解できるだろう。まず、両者のパワーの認知が逆転しており、父親は妻の方が強く、母親は夫の方が優位にあるとイメージしていた。上下の位置関係も両者は正反対に位置付けていた。関係の強度についても、父親は夫婦関係を「強い」としているが、母親は「普通」としかみていない。このように多くの点で、両親の夫婦関係イメージは食い違いがあった。しかし、紀夫の両親は互いに向き合うイメージを共有していたことが、面接の継続を可能にした原動力となっていたことを無視することはできない。両親は、互いに夫婦としての齟齬を感じながらも、家族療法に参加し続けることで互いの家族イメージに一致点を見つけ出そうとしていたのである。また、紀夫も両親の夫婦関係が希薄であるとイメージしていたことは、彼のＦＩＴの該当部分をみれば明らかである。

初期の家族面接の場面で、紀夫は父親に対して繰り返し、自分をどのように見ているのか問いかけ、返答を引き出そうとしていた。両親の夫婦関係についても、紀夫がイメージしているものと、父親のイメージに大きな齟齬があることを、漠然とではあっても、「何かおかしい」と感じていたはずである。そして、その紀夫が感じていた違和感は父親にも、また母親にも理解されていなかった。

しかし、ＦＩＴを体験することで、家族全員が互いの家族イメージに大きな食い違いがあることに直面できた。その後、紀夫は自分の内的世界での混乱や対人恐怖の症状を訴えることよりも、面接場面で同席している両親、とりわけ、父親に直接にさまざまな問いかけを始めた。やがて、それは受験勉強の方法についてのものへと移行し、やがては一緒にドライブに出かけるような父子関係へと発展していった。家族療法の初期段階では、紀夫の言動を「不可解」としか受けとれず、紀夫の顔すら正視できなかった父親が、父親としての自身を回復し、同性の「先輩」としてもその役割を果たせるようになったことは、幸いであった。

母親自身は、紀夫に対する態度を大きく変化させることはなかったものの、夫が紀夫に正面から向かう姿勢を示した頃から、パートの仕事を始めた。母親もようやく、子離れの準備段階に入れるようになったのだろう。事実、それまでは紀夫が家庭でしつこく母親につきまとう傾向があったが、次第になくなっていった。父親と紀夫のそれぞれの変化と父子関係の変化は、それにとどまらず、母親の変化やひいては紀夫との母子関係の変化にまで波及的な影響を与えたのである。

ＦＩＴを媒介として家族が互いの家族イメージの差異に気づくことは、へたをすると家族相互の分裂や対立を助長する危険性がある。そこで、カウンセラーは次の回では、家族粘土法を提示した。家族はこの粘土法に参加することで、粘土を互いに分け合い、他者の作品に影響を受けて、自分の作るものの内容を変化させるなどの「コラボレーション（協働すること）」を自主的に始めた。粘土法は、非言語的なコミュニケーションを促進することに特長があるが、面白いことには、作業をすすめるにしたがって会話が自然とはずむようになる。

最初はたわいのない話が交わされるが、いつの間にか日常生活での本音が語られ、過去の思い出話が出てくることも珍しくない。その中には、家族史にかかわる重要なエピソードが含まれていることもある。時には、そのストーリーが粘土像に反映され、具現化する。このような面接場面での家族の様子をそばで見ていると、家族自身が新たな「家族のイメージ」や「家族の物語」をみずから作り出そうしていることに気づかされる。

第四章

家族療法的カウンセリングの適用範囲とその評価

1. 家族療法的カウンセリングの適用範囲

家族療法的カウンセリングの研修経験がないカウンセラーが単独で、この技法を使うことは勧められない。家族療法的カウンセリングの臨床経験を積んだベテランのカウンセラーの指導を受けることが望ましい。しかし、わが国ではまだそのようなカウンセラーの数はきわめて少ないのが現状である。そこで、少なくとも二〜三名のカウンセラーでチームを編成し、家族療法的カウンセリングのワークショップや研修会等に継続的に参加しながら、徐々にチームによる家族合同面接の経験を蓄積していくことが、現実的であろう。来談意欲の強い長期化した不登校や軽微な非行の両親を対象とした面接から始めると良い。導入時の工夫として、とくに緊張感が高く会話が難しい家族の場合には、粘土や描画、あるいは家族イメージ法などの造形表現を用いることが、きわめて有効である。

スクール・カウンセリングでの活用

全国で一三万人を超すまでに増大した不登校児の問題を根本的に解決するためには、

従来の個人カウンセリングの理論と技法だけに固執することが、許されなくなりつつある。この問題の解決には、従来の思考法（直線的認識論）が、不向きだということも徐々に浸透しつつある。では、どのような思考法を用いた臨床実践が有効なのだろうか。家族療法的カウンセリングの代表的な技法のひとつである「リフレーミング」を例にとることにしよう。これは、すでに第二章で述べたように、問題の前提となっている「枠組み」を取り替えることを意味する。不登校の問題であれば、前提となっている「学校」という枠組みをいったん取り外して、その子供自体を白紙の状態において受け止める。しかし、これから先が、この技法の本領発揮である。リフレーミングでは、単に問題の前提となる枠組みを取り除くだけではなく、問題を抱えた子供を新たな枠組みのなかに積極的かつ肯定的に再配置する。

その新たな枠組みが、家族関係という「枠組み」なのであって、決して「原因」としての家族関係を問題にしようとするのではない。つまり、個々の原因が何であれ、学校という枠組みに収まりきれなくなっている不登校児を、そこに性急に押し戻すのではなく、まずその子供が生活の拠点としている「家庭」を新たな枠組みとして注目し直し、その枠組みのなかで子供の心の居場所を見つける。そうすると、それまで関係者の目にはっきり映らず、無縁だと思われていた出来事や家族成員の間に、さまざまな結びつきや相互の影響性のあることが分かってくる。

このように、不登校児を硬直化した学校という枠組みからいったんはずし、家族関係という別の枠組みに移し替え、家族自身が見直すことによって、家族関係の維持に寄与する子供としての存在価値や役割、あるいは「肯定的な意味づけ」を、再発見できるようになる。そして、カウンセラーがその肯定的な役割の重要性を家族に直接あるいは、間接的に伝えることによって、不登校児というレッテルにつきまとっていた有毒性は薄まり、まぎれもなく存在価値をもつひとりの子供として位置付けられるようになる。このようにして家庭のなかで新たな心の居場所を確保できるようになった子供にとって、学校という枠組みに戻ることはもはや達成困難な課題ではなくなる。なぜなら、この時点で、彼らはすでに家庭という「安全地帯」での足場を心理的に確保できているからだ。また、種々の理由で再登校はできない場合にも、その子の特性に合ったさまざまな進路選択が可能になる。

学級崩壊も、ごく最近注目されはじめた現象であるが、生徒や担任だけの問題だけではなく、やはりここにも家族の問題が影を投げている。学校と家庭が互いに責任転嫁しているうちは、根本的な問題解決には近づけないだろう。とりわけ、子供の個性を重視したいと考えている親が増えている現状では、小学校に入学した時点で生徒にとっての学校や教師のイメージがすでに大きく変質しているからだ。そこで、学級崩壊を予防するための手立てやその兆候が現れている学級の問題を最小限に食い止めるための方策を開発する必要がある。われわれは、二〇〇〇年度よりジョージア大学のヘイズ（Hayes, R.）教授らと共に、東京大学附属中等教育学校を先端的な臨床実践の舞台として選択し、家族療法的カウンセリングを応用したスクール・カウンセリングを開発する国際協働研究プロジェクトを立ち上げ、積極的な実践展開を行っている（亀口他、一九九八：亀口他、一九九九：亀口他、二〇〇〇：亀口他、二〇〇一：亀口他、二〇〇二：亀口他、印刷中）。

心理臨床的地域援助での活用

私の研究室では、二〇年ほど前から、「家族機能活性化プログラム」なる実践プログラムを開発し、地域社会の中での心理臨床的実践と普及を図ってきた。その意図は、一般家庭での「心の教育」や「癒しの教育」の必要性が理解され、草の根のネットワークを通じて地域社会に徐々に浸透していくことにある。したがって、従来の学校と社会の融合を目指した「学社融合」とはやや趣が異なるものの、大学まで含む学校と地域社会との融合を目指した「学社融合」の新しい試みと言えよう。

このプログラムは、一九七七年にアメリカのラバーテ（L'Abate, L.）らによって発表されたものを下敷きにして、一九八五年に亀口によって作成されたもので、一五課題から構成されている（表4－1を参照）。その目的としては、個人の内面的な成長への気づきを促し、家族に対する気づきを増し、家族内のコミュニケーションを効果的におこなう技術を教示し、家族が問題解決に適切に対処できるように援助することなどがあげられる。また、家族という小集団の人間関係のあり方について焦点化しているため、地域や学校での人間関係改善プログラムとしても応用することが可能である（例としては、学級活動やＰＴＡ活動の一環としての利用がなされている）。このようなプログラムが積極的に利用されることによって、各地の家庭や学校あるいは地域で具体的成果が生まれることを期待している（亀口、一九九二）。

われわれは、一九九〇年代の後半に、福岡県宗像市の母親グループを対象にした子育て支援の活動を行なった。さらに、「家族機能活性化プログラム」を使って、研究室の院生とともに学社融合のためのプログラム作りを試みてきた。さらに、一九九七年度には水巻町教育委員会との間でわれわれのプログラムを活用した学社融合の実践的取り組みを試行する事業計画がまとまった。実施に当たっては、水巻町ＰＴＡ連合会の協力のもと、五つの小学校のＰＴＡ役員を中心として二〇名の参加者を決定した。

表4－1　「家族機能活性化プログラム」課題の概要（文献(4)を修正）

課題1　「ゆりかご」 円の中にいる人が周りの人を支え、中にいる人がゆりかごでゆられているような気持ちを体験する。
課題2　「自由」 各自が自分のいすを室内のそれぞれ好きな場所を選び座ってみる。家族の中で自由な位置を占める体験をうながす。
課題3　「家族探し」 手で触れた感触だけで相手が誰であるかを当てさせ、家族に対する関心や感受性を高める。
課題4　「創作粘土」 何もないところに形を作りだす作業を通じて、家族そろって活動する楽しさを知り言葉ではない表現をお互いに確かめ合う。
課題5　「ロボット家族」 自分の行動をただ繰り返すだけで、家族と関わりを持たない状況のむなしさを体験する。誰の指示もない行動から、自分の日頃の行動との違いについて考える。
課題6　「動物家族」 イメージの中の家族に、現実的なオリを登場させ、変化に対する家族の様子を考える。
課題7　「イエス・ノー・ゲーム」 家族が互いに質問し合って、意思表示を明確にする。
課題8　「家族造形法」 家族員一人ひとりの役割とその全体関係を、視覚的・身体的に体験する。
課題9　「自己表現」 「あなたは頑固か素直か？」などの定められたいくつかの質問に答えながら、家族成員の相違点や共通点を発見する。
課題10　「楽しみ」 自分の楽しみを自由に話しながら自己表現し共感される楽しみを体験する。
課題11　「役割分担」 家族のなかで自分の役割についてお互いに話し合い、家族のなかで自分について考える。
課題12　「相互理解」 日頃不満に思っていることを話してその解決策を考える。この過程から、お互いを理解し話し合いの雰囲気づくりを練習する。
課題13　「意思決定」 お互いの主張を出し合って、家族としての意見を一つにまとめる。
課題14　「社会とのつながり」 自分の家族と親類・学校・職場などの社会との結びつきを考える。
課題15　「家族イメージ」 家族関係を家族をシールに置き換えて枠内に示すことで、家族関係の全体的なイメージを簡潔につかむ。

表4－2

【研修会の流れ】
①事前ディスカッション 課題を実施するにあたって ・目標、"ねらい"の共有化 ・課題への動機づけ ↓ ②体験（模擬家族をつくり、家族機能活性化プログラムの課題を実施） ↓ ③模擬家族のグループでの感想など話し合い ↓ ④全体ディスカッション ↓ ⑤ふりかえり用紙記入 ・ふりかえり用紙の回収　・次回予告

五月に第一回の会合を開催して以降、計一〇回の体験プログラムを実施した（表4－2、表4－3、写真4－1～写真4－5を参照のこと）。

ここで、第八回の実施内容を例にとって、プログラムが具体的にどのような内容で進行していくのかについて説明する。まず、一〇名の参加者が二グループに別れて、二つの模擬家族を構成する。それぞれの家族が大学の相談室に出かけていく場面設定を行う。A家族の場合を説明すると、父親は会社員をしているが、離婚しており、父子家庭である。小四の息子が不登校であり、祖父母と叔母（父の妹）が同居しているとい

表4－3　模擬家族によるプログラム課題遂行の例

①　課題「役割分担」について話し合う。

祖父　「見ざる、聞かざる言わざる、ということにしています。孫のことが気になるが、親がどうにかすべきと思う」。

息子　「することがない。手伝いは、ばあちゃんが風呂掃除をしなさいと言うだけ。僕はファミコンをしたり、漫画を読んだりして家にいる」。

父　「働くばかりで、子どものことをあまり構わなかった。自分が何をしてよいのか分からない。息子のことは話すことが恐い感じがする」。

祖母　「学校へ行ってもらいたいけど、どうしていいか分からない。強く言うとご飯を食べないと言うかもしれない」。

叔母　「甥は、私をうらんでいるのではないでしょうか。学校へ行かないものだから、家族皆が気にかけている」。

②　課題「相互理解」について話し合う。

祖父　「嫁に帰って来てもらうか。孫にもそれがいいのではないか」。

祖母　「集まる時間を決めて、家の中の世界とは違う外の話をしてほしい。息子（不登校児の父親）にももう少ししっかりしてほしい」

父　「妻がいないので甘やかした。仕事、仕事と、気持ちが外に逃げようとしてきたので、もっと家の中のことを考えなければと思っている」。

息子　「みんな自分勝手な気がする。ぼくを置いてお母さんが出ていったのが歯がゆい。考えがまとまったら学校に行けるかもしれない」。

③　課題終了後に、参加者がお互いの感想を話し合う。

水巻町での家族機能活性化プログラムの体験者のうち、祖父母や叔母と同居している父子家庭で、その子どもが不登校になっている家族を、模擬的に演じることを体験したグループは、課題終了後に次のような感想を述べていた。

不登校児役　「これまでは明るい家族を演じていましたが、今日のような不登校児がいる家族だと、話のトーンが落ちてきます。暗い家庭を明るく持っていくのを考えさせられました」。

祖父役　「家族構成を考えているうちに、孫のことを考えていると、自然に不登校児になっていました」。

祖母役　「実際に不登校児がいれば、もっと暗い家庭だろうなと思った」。

叔母役　「今日は辛い役でした。逆に言うと、やりがいがありました」。

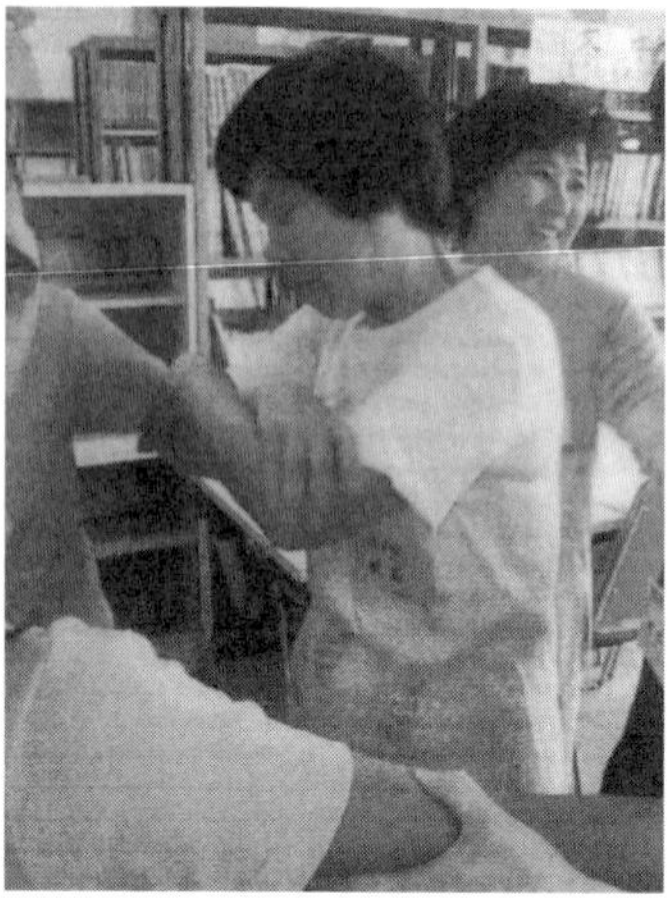

写真４－１　「ゆりかご」

写真４－２　模擬家族で「相互理解」

写真４－３　家族ロールプレイの実演

写真４－４　全体ディスカッション

写真4－5　ふりかえり用紙に記入

う設定である。大学の相談室に来談したきっかけについて、祖母（役割上の）は、「孫が登校拒否をしているので、少しでも良い方向へ向けばと思って、皆を引っ張ってきました」と語る。息子は、「おばあちゃんが行けと言うからきた。僕、外へ出たくない」と反発する。

このようにして、模擬家族が相談にやってきた場面をロールプレイ（役割演技）の手法で設定した上で、以下の活性化課題をインストラクター（院生二名）の指示にそって参加者が実行していく（表4－4参照）。

グループごとの体験学習が終わって、全体ミーティングで参加者全員の意見や感想を出し合うことは、体験内容を整理

表4－4　家族機能活性化プログラム参加者の感想

参加者A	「不登校の子どもがいる場合の家族は、本当に暗く深刻で辛いでしょうね。口では表すことができないと思いました。平和な家庭に感謝です」。
B	「相手に優しく思いやる心のゆとりを持ちたいと思いました。難しかったです」。
C	「今までのロールプレイングの中では、むずかしかったけど、一番やりがいがあったように思います。いろいろ考えさせられました。自分も少しは、成長したかな、今日は満足感でいっぱいでした」。
D	「父親役をしましたが、我が家の平和な明るい家族に感謝し、また夫に感謝します」。
E	「今日はとても勉強になりました。言葉は悪いですが、ぼけ老人が一人いるだけで、家族がこんなにも優しい気持ちをもっていることに少し感激しました」。
F	「久しぶりに参加できました。相手の気持ちになり、相手の役割を考えさせられました。頭では分かっていても口に出して言うとなると、実際の生活場面になると、どこまでできるでしょうか」。
G	「祖父役でしたが、自分の家にも嫁2人と孫4人がいて、こういう風に学校に行かなくなったら、どう対応するだろうかと思いました」。
H	「今日はとても勉強になりました。人を守りぬく気持ち、暖かい気持ち、感謝の気持ち、人間としての優しい根本的な気持ちになるのは、どういうことなのかを十分理解することができたように思います」。
I	「役割によって自分の気持ちの変化が声や態度に表れ、面白いと思った。何か問題があると家庭内は暗くなるが、そこで、いかに元気を出すかが、自分自身の課題だと思う。そのことで、人に優しくなれるのだろうか」。

して心のなかに定着させるうえで、非常に有益である。この全体ミーティングでの参加者の感想をいくつか紹介しておきたい（表4－4参照）。

また、教育委員会の推進係の担当者は、全プログラム終了後の報告書で、以下のような感想を記している。「ロールプレイでは、四、五人で模擬家族を作り、課題に沿って演技をしましたが、最初知らない人と家族を作るので、気恥ずかしさや不安や緊張があり、役になりきることが難しかったようでした。ところが、回を重ねるごとにロールプレイに慣れてきました。（中略）第八回になると、家族相互の役割を理解し、家族として他者への思いやりに気づいてきました。このように、課題のもとにロールプレイの体験を重ねながら所期の目的にそって変容する姿を感じるとき、はじめの不安が杞憂に終わり、実施してよかったな、という思いをいたしております」。

水巻町での実践については、報道関係の注目も集めた。活動の模様が全国紙に報道されたこともあって、大学にも、また教育委員会にも各方面から多くの問い合わせが寄せられた。この種のプログラムについての関心の高さを、われわれも改めて痛感した次第である。この試行的事業の成功を基盤にして、水巻町では一九九七年度に正規の事業として予算化が実現した。私が東京大学へ転任した後も、水巻町教育委員会と大学院生（現北九州市教育センター相談員）に引き継がれ、二〇〇〇年度まで継続的

表4－5　アメリカ各地におけるＦＲＣのモデル

① シカゴのモデル

ファミリィ・フォーカス社は、学校、保健施設、そして社会福祉の各機関を有機的に結びつける役割を果たしている。その業務には、相談所、親子活動、親教育、児童の健康および発達検査、学習指導、職業訓練等がある。

② ケンタッキーのモデル

家族資源および青少年支援センターは、ケンタッキー州全域を対象とするきわめて野心的なプログラムであり、社会的支援と教育的支援を統合することを目的として設立された。このセンターは、個々の生徒よりも学校がかかえるニーズにプログラムの目標を絞っている。ＦＲＣでは、学童保育、親教育と子ども教育、親子活動、児童指導員対象の研修等のプログラムが提供されている。青少年センターでは、保健指導、職業指導と雇用相談、精神保健カウンセリング、危機介入、薬物乱用カウンセリング、送迎、レクレーション活動等が行われる。

③ サンフランシスコのモデル

ここでは、親支援グループ、親教育、子ども，親、養育者のためのプレイルーム、個人および家族カウンセリング、子育てライブラリーが提供されている。

④ ミネソタのモデル

プロストフィールド小学校では、学校を総合的な窓口として家族への支援がおこなわれている。ここのプログラムでは、教師に総合的な資源マニュアルが与えられ、さらに家族のニーズをどのように把握し、またどのように関連機関を紹介するかについて体系的な研修が実施される。社会福祉機関の職員が学校に常駐することで、関係諸機関との即時的対応も可能である。

⑤ ニュージャージーのモデル

州全域で教育支援と福祉支援を連結させるプログラムが展開している。具体的には、学校に設置された保健センターでは心身の保健支援が提供される。いっぽう、ＦＲＣでは学童保育、十代の親を対象とする支援、職業教育、およびその他の家族支援のプログラムが提供されている。

⑥ テキサスのモデル

テキサスのプログラムでは、学校の生徒全般を対象とするのではなく、もっとも支援を必要とする生徒に対象を限定して支援の効果を最大限に高めようとしている。1979年に始まったプログラムでは、中退の恐れのある生徒が対象になった。家族と協力して出席率、学力、卒業率を向上させ、職業技能を身につけさせ、非行を減少させ、さらに社会性や人間性の発達を支援している。ニーズに応じたさまざまなプログラムが提供されている。核になるプログラムは、個人および家族カウンセリング、講義、啓発プログラム、親指導、保健機関への紹介、職業訓練と就職指導である。

⑦ ミズーリのモデル

ウォールリッジ地域介護プログラムは、学校と家庭をそれぞれの基盤とする支援センターを結合させたものである。家庭を基盤とする支援には、ケースマネージメントや危機家族への集中的な援助プログラムが含まれている。精神保健、薬物中毒、学習カウンセリングサービスは、学童保育、学習指導等と同様に学校で行われる。親に対しては、職業訓連や雇用相談も行われる。

写真4－6　指導者養成のための研修会

に実施された（亀口・市川、二〇〇一）。

今後、親向けと子ども向けの両プログラムを有機的に関連させた総合的な支援事業を展開するための地域援助システムをデザインすることを計画している。なかでも、指導者の養成は重要な課題であり、早急に取り組まねばならないと考えている（写真4－6参照）。具体的には、不登校問題の抜本的な解決を目的として設立された子ども教育支援財団（文部科学省認可）と協働して、二〇〇二年度から、埼玉県、東京都、神奈川県で不登校の親を含む保護者を対象とする子育て支援プログラムを試行的に実施し、二〇〇三年度以降は全国各地での本格的な展開を進めつつある。

また、子どもを対象とした事業としては、群馬県教育委員会が県内二二箇所の不登校支援に関連する施設で行なわれてきた事業を有機的にネットワーク化し、その中に家族療法的カウンセリングの理論や手法を組み込む計画を検討してきた。この事業計画が二〇〇三年度の群馬県の新規事業として予算措置されたために、すでに実施段階に入っており、私も評価委員として主管する群馬県教育センターと協働する体勢を整えつつある。

2. 家族療法的カウンセリングの評価

伝統的なカウンセリングの主要な評価法であった事例研究法に対して、これまで、主に実験統計的手法を用いる研究者からの厳しい批判が向けられてきた。主要な批判として、他の研究者による追試や確認が困難であることや、少数の事例での結論を一般化できないことなどが指摘されている。この批判に応えるために、カウンセリングの面接過程をビデオ記録する手法（クライエントの同意を前提とする）が家族療法的カウンセリングを中心に広がりつつある。この記録方式を採用することで、カウンセラーだけではなく他の研究者も間接的に面接過程に参与し、分析作業を行うことが可能になった。また、カウンセラー自身にとっても面接終了後に治療的責任から離れて面接過程を振り返り、自らの言動を批判的あるいは客観的に評価・分析することができる点は、有益である。ビデオ記録の最大の長所は、面接過程におけるクライエントとカウンセラーの両者の表情、態度、声の調子などの非言語的側面を分析するためのデータを蓄積できるところにある。これまでカウンセラーの観察力や記憶力、あるいは言語的な表現能力に依存していた面接記録の分析を、時間経過や場所の移動に関わりなく、自由にしかも正確に繰り返し再現させ、複数の人間が直接観察できるようになった。

ヘイゼルリッグ（Hazelrigg, M. et al., 1987）は、家族療法の治療効果を測定した二〇件の研究を展望した。それによると、家族療法では他の治療法よりも良好な治療効果が、全般的に確認されつつあると指摘している。しかし、それらの研究も家族成員観の相互作用についての実証的な資料に基づいたものは少なく、大部分は内省報告に頼っているために、さらに徹底した治療効果の確認がなされるべきだと主張している。

われわれは、一九八二年以降、家族療法的カウンセリングの面接過程を記述するための方法として、面接過程に伴う家族システムの変化を図像化する手法を開発してきた（上野・亀口、一九八七：亀口、一九八七：亀口、一九八九：亀口・池田・浦部、一九九〇）。一九八七年に公表した原法では、各回の家族成員の発言内容をA（支持的）、B（非支持的）、C（要求・期待）の三類型に分類し、各二者間毎にその出現頻度を集計した表をもとに家族システム図を作成した（図4－1を参照）。図の円は、各家族成員を示し、円の直径は発言総数を比例換算した数値によって求められる。その円が大きいほど、当該家族成員の主張の度合いが強いことを表す。各円の間の距離は親密度を表しており、近接しているほど両者が親密であることを表す。距離の算出法は、（A＋C）－Bによって求められた数値を任意の距離尺度に換算して行う。各円を結ぶ直線の幅は矢印の向いた相手への関与度を表し、A＋B＋Cの数値から算出される。この関与度には、肯定・否定の両面の感情が含まれる。

ここで、この方法を用いた家庭内暴力の事例を紹介しておきたい。本事例は七回の面接で終了しているが、ここではそのうちの四回を取り上げる。第一回の家族システム図を図4－1aに示す。父とA男の間の親密度が低く、妹が他の三人に比べて主張度が低い。第四回を図4－1bに示す。家族システムが質的に変化してきたことが明白に示されている。A男が一家の中心的な位置を占め、両親との関係もコントロールしていることが伺われる。一方、妹は全く周辺的な位置に追いやられている。また、夫婦関係も背景に隠れている。第六回を図4―1cに示す。これまで希薄だった父・妹間および夫婦間の関与度が増加している。第七回を図4―1dに示す。家族全員の主張度がほぼ同等になり、また、各家族成員間の関与度および親密度の偏りがなくなり、システムとしての安定度がきわめて高くなっている。

その後、われわれは家族療法的カウンセリングを経験した不登校家族の家族システム図をパソコン画面で作成する手法を確立した。これによって、家族システム図の作成手順を統一することが可能になった。また、作成された家族システム図を逐次に家族療法的カウンセリング事例データベースに入力することによって、文字情報ばかりでなく視覚的情報によっても臨床事例の検索ができるようになった（亀口、一九九七）。

これまでに述べたように、家族臨床の特徴のひとつとして、家族の誰の訴えや症状、あるいは問題を「主訴」として取り上げればよいのかが、必ずしも明らかでない場合がある。個人カウンセリングの初期段階でも同じような困難はあるものの、相手はひとりである。面接の進行とともに、あせらず主訴を徐々に明確化していくこともできるからである。ところが、複数の人間を同時に相手にすることが多い家族臨床では、ＩＰ（患者とされている人物）と他の家族成員の間で訴えが異なる、あるいは両親間でさえ「問題」の捉え方が大きく異なることもある。そのような葛藤を含んだ状況に

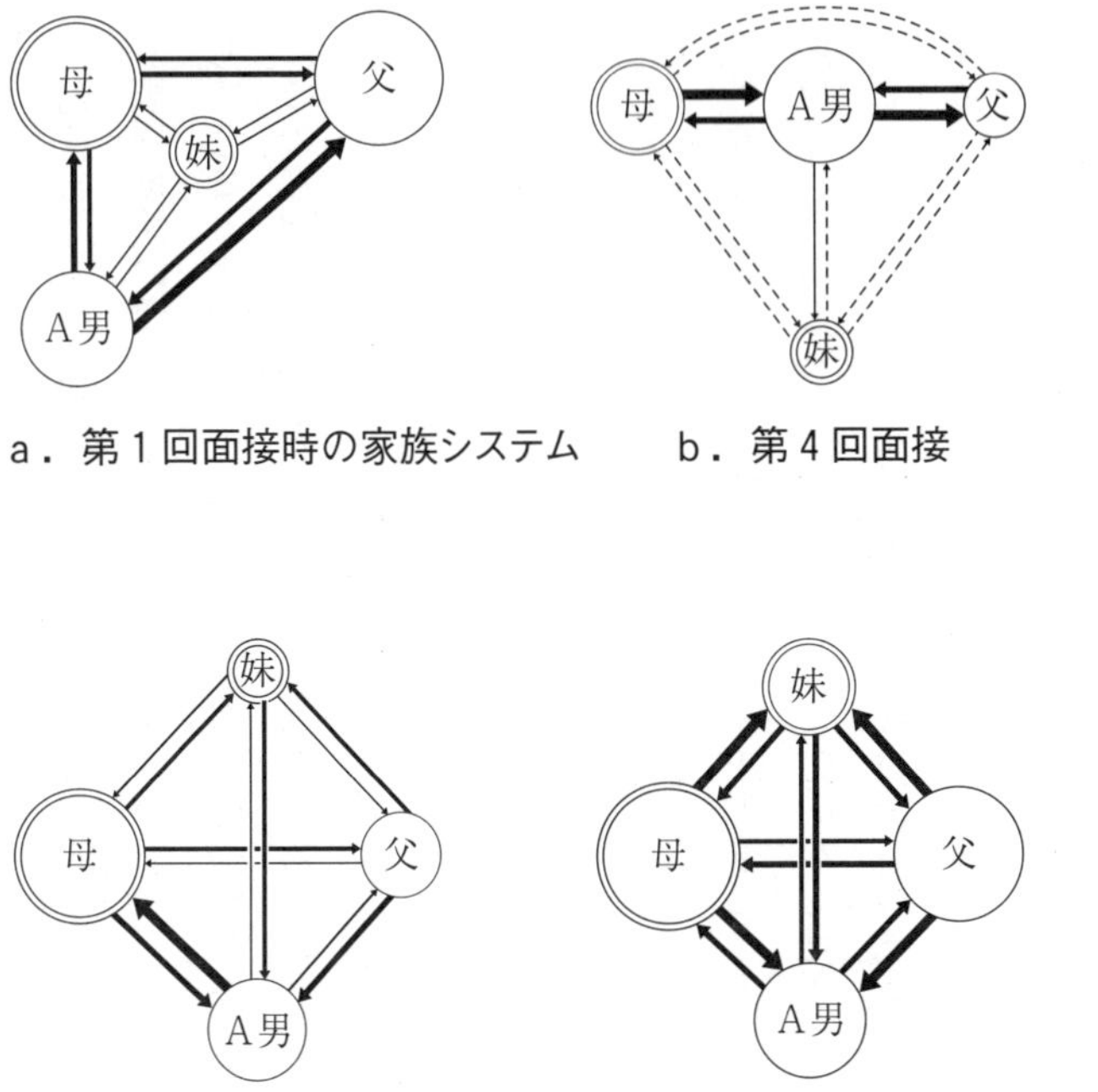

a．第1回面接時の家族システム　b．第4回面接

c．第6回面接　d．第7回面接

（亀口、看護研究、22(3)より）

図4－1　家族システム図の例

巻き込まれた臨床心理士やカウンセラーは、たちまち動きがとれなくなることも少なくない。児童虐待や不登校などの問題で、日常的に家族に対応する機会が多い臨床心理士で、家族療法の導入を試みようとしてはいても、いざとなると家族同席での面接に躊躇してしまう理由として、この初期の対応の難しさがあるようだ。

実は、この初期の困難さを克服する心理アセスメントの有力な手立てが、見つかりそうなのである。さらに、この新たな手法は、援助を求めてきた家族への説明責任(アカウンタビリティ)を果たすためにも有効ではないかと期待されている。これからの臨床心理士にますます求められるクライエントへの説明責任(アカウンタビリティ)を果していくためにも、われわれは、面接開始時点での主訴の確認と終結の前提となるその解消の確認を、家族との綿密な協働作業として進めていく必要がある。これまでの伝統的な個人臨床では、臨床心理士が専門家として、素人のクライエントよりも一段高い位置にいることを前提とした、一方的な心理アセスメントになりがちであった。しかし、これからの心理臨床、とりわけ家族療法的カウンセリングでは、当事者である家族自身も参加するかたちで、心理アセスメントの手法を確立することが求められているのではないだろうか(亀口、二〇〇〇a)。

前述したように、家族イメージ法(FIT)は、亀口らによって独自に開発された家族を対象とする心理アセスメント法である。本法は、もっぱら言語的理解に頼る質問紙法と異なり、クライエントや家族自身が作業を通して表現するところに特徴がある。個人別に、単独で実施することも可能であるが、むしろ家族が同席した場面で実施し、その結果を家族が互いに確認し、感想を共有する所に最大の特徴がある。とりわけ、面接初期段階での心理アセスメントの活用が、その後の面接過程の成功要因のひとつとなっていることが、臨床実践を重ねるごとに明らかになってきた。

心理的な悩みをかかえた家族にとって、ＦＩＴはその時々の親子や夫婦の「自家像」の揺れ動く様を、かなり正確に写し出す役割を果たすことができる。私は、臨床場面での経験に加え、普通の小中学生や高校生・大学生、あるいはその親を対象とした心理アセスメントの研究や実践を積み重ねてきた。その結果、この方法を一般の方々が、家族内での問題発生を自ら予防し、早期に対処する際の、非常に簡便で有効な道具ではないかと考えるようになった。これまでＦＩＴの潜在的可能性に注目してきた臨床心理士、家庭裁判所調査官・調停委員、児童相談所職員、福祉施設関係の相談員、医療関係の相談員、看護関係職員、各種カウンセラー、教育相談担当者等々の、幅広い心理臨床や家族臨床にかかわる領域の専門家の方々に加えて、さらに今後は、家族社会学、家族看護学、家族福祉学、家庭教育学等々、家族研究にかかわる学際的領域の研究者にとっても、実用性の高い手法として活用できるのではないだろうか（柴崎・丹野・亀口憲治、二〇〇一）。

また、そのような多面的で実証的な基礎研究が進展することによって、ＦＩＴは単なる心理アセスメントのひとつの道具であるにとどまらず、臨床心理士と家族の相互的な「協働作業」を、厳密な説明責任（アカウンタビリティ）に応える革新的手法となりうるだろう。

3．今後の展望

家族療法的カウンセリングを実践する専門家の資格認定については、わが国では、これまでその整備が十分になされていなかった。しかし、児童虐待、不登校、離婚の増加、あるいは少年による凶悪事件の頻発等をきっかけとして、家族問題への関心が高まり、近年、その充実が急速に図られている。具体的には、家族相談士と家族心理士という二つの資格が、家族心理士・家族相談士資格認定機構によって認定され、家族療法的カウンセリングによる援助活動を行っている。現在、東京と関西、および東北地区で家族相談士養成講座が開設され、すでに四四〇名を超す家族相談士と四〇名近い家族心理士が認定されている。今後、九州、中四国地区でも講座開設が予定されており、その準備が進んでいる（杉渓一言、二〇〇二）。

ここで、日本家族カウンセリング協会附属「ファミリィサポート・ルーム」と、そこに所属する家族相談士の実践活動について簡単に紹介しておきたい。母体となる日本家族カウンセリング協会は、日本家族心理学会との連携のもとに一九八五年に設立されて以来、家族カウンセリングの理論や技法に関する学習の機会を提供して、問題を抱えて悩む家族の心理的援助を通して社会に貢献できる人材を育成してきた。所定の養成研修を受けて資格試験に合格した者には、日本家族心理学会と協会との共同で設立した家族相談士・家族心理士認定機構が、「家族相談士」の資格を授与している。

養成研修を受講する動機として、教育相談、企業の相談室や病院の看護の場などで活動する中で、家族についての理解が不可欠であることを痛感したからという理由を挙げる者が多い。協会としても家族支援の場を協会内に置く必要を感じて検討を重ねてきたが、平成一三年に家族相談士が常駐する相談室を、その名も「ファミリィサポート・ルーム」として発足させた。切羽詰って援助を求めてくる家族の声や、続発する痛ましい事件に背中を押される感じでの出発であった。当面はささやかな活動ではあるが、家族としての機能を果たせずに困難をきたしている家族を支える役割は大きいと考えている（亀口・遠山、二〇〇一）。

外部の社会と適切な繋がりを持てずに孤立し、家庭でも出口がなく、袋小路に追い詰められている家族。その閉塞状況に一箇所でも、風穴を開けることが出来たらどれほど救われるだろう。問題がない家族はないが、それを自分たちだけでは対処できず、行き詰まっている家族が多い。その家族が持っている潜在的な問題解決能力を、うまく引き出す社会的支援が求められている時代である。育児に行き詰まって、密室で我が子にイライラをぶつけざるを得なかった母親が、相談室で責められることなく安心してその気持ちを吐露できる体験をしたとき、わが子への対応が変わる。離婚するしかないと思いつめていた妻も、家族療法的カウンセリングを学んだカウンセラーを介して夫との間で会話を成立させ、互いのずれを確認し、双方の違いを違いとして認め合えた時、やり直す気持ちになれる。抱えている問題が解決されたわけではない。そこに流れる空気が多少変化しただけであっても、それが互いのこころに余裕を生み、家族として積極的に関わっていこうとする意欲を芽生えさせる。もちろん、現代における家族の問題は複雑化しており、風穴を開けるだけでは済まない場合は多い。しかし、どれほど困難な状況にあっても、そこに専門的知識と理解を持ち、家族療法的カウンセリングの技法を習得した者が、批判的ではない姿勢と関心を持って関わる時、家族はその困難な課題に取り組む勇気を獲得できるのである。

ここで、ファミリィサポート・ルームの設立や運営において参考にしようとしている先行モデルのうち、全米各地の有力なものを簡潔に紹介しておく（表4－5を参照）。とくに、ＦＲＣ（family resource center）が発達しているコネチカット州の現状について、詳しくみておきたい。

コネチカット州では、すでに一八ヶ所のＦＲＣが州政府の教育局予算によって設置されている。一九九〇年に三つのＦＲＣが、まずパイロット計画として開始された。一九九四年には、一八ヶ所に拡大し、外部評価も行われた。コネチカット・モデルでは、各公立小学校にＦＲＣを設置することを目標に掲げ、学校をコミュニティの資源として最大限に活用することをねらっている。ＦＲＣへの参加は、無制限、バリアフリー、かつ自発的利用であることが原則となっている。これは、ＦＲＣが何か欠陥や病理を有した家族の治療や矯正を目的として設置された施設であり、そこに出入りすること自体が、コミュニティの成員から何かしら誤解やマイナスのイメージを持たれることを避けるための措置でもある。

ここで提供される各種のプログラムのうち、「家族訓練」について説明しておきたい。家族訓練は、ミズーリの「教師としての親」カリキュラムを使った親教育プログラムであり、在宅で受講できることが魅力になっている。このカリキュラムは、妊婦が妊娠第三期になった時点から子どもが三歳の誕生日を迎えるまで、家族全員が受講できるように構成されている。この時期内であれば、家族はいつでもこのプログラムに参加することができるようになっている。このプログラムの訓練を受けた親教育の専門家が、参加家族の家庭を定期的に訪問して訓練指導を行っている。

三年間にわたる家庭訪問の目的や役割は、発達段階や子育ての問題に応じて柔軟に回転しながら変更されていく。初期の訪問の目標は、訪問者と親との間の関係作りや信頼感の形成におかれる。周産期や発達にかかわる情報は共有され、子育ての問題についてはは十分に話し合いがなされる。このプログラムに加わっている間に、両親は観察能力を養い、子どもの発達上の変化を的確に把握できるようになる。家庭訪問の間に、親教育専門家は、子どもの言語、運動、社会性、さらに認知の発達段階を親が適切に判断できるように指導する。健康教育についても、十分な配慮がなされる。子どもの成長に従い、食事、排泄、しつけ、兄弟葛藤などの問題が家庭訪問のテーマになっていく。

家族訓練プログラムの参加者は、月例会に招待され、そこで、他の家庭の子どもや親たちと触れ合う機会を持つことができる。そこでは、複数の親子が同時に参加するプレイグループの時間が設定されていて、親子ともども楽しむことができるように工夫されている。また、特別講師やＦＲＣのスタッフが話題を提供したり、親自身がグループにかかわる議題について話し合うこともある。

ＦＲＣなどの、アメリカの家族支援プログラムで活躍する専門家の数には遠く及ばないものの、わが国でも前述した家族相談士・家族心理士認定機構によって認定された家族相談士が、まもなく六〇〇名を超す段階にある。彼らは、家族療法的カウンセリングを始めとして家族支援に必要な専門的素養を身につけているものの、これまでは組織的に家族支援の活動を展開する実践の場に恵まれない状況に置かれていた。そこで、日本家族カウンセリング協会、家族相談士・家族心理士認定機構、および家族心理学会の三者の緊密な連携によって、日本版のＦＲＣ第一号とも言うべき、ファミリィサポート・ルームを日本家族カウンセリング協会事務局内に設置することになったのである。

現状では、公的な財政援助や民間からの寄付等を受けていないために、スタッフとして活動する家族相談士の勤務条件は、さほど恵まれていない。また、個別相談を依頼してくる家族には運営費の一部を、相談料の実費分として負担していただかなければならない状況にある。しかし、継続的に質の高い家族支援の活動を提供していくためには、家族相談士の研修も欠かすことはできない。これも、現在は家族相談士自身が参加費を全額負担する形で研修プログラムが運営されている。アメリカ各地のＦＲＣは、連邦政府、州政府からの財政援助、あるいは民間の財団等からの多額の寄付等によって運営されている。激しく変動する社会のなかで翻弄され、弱体化した家族の危機を回避し、二一世紀を生きる次世代の家族の形成を援助するためには、わが国でもその実務に当たる専門家の養成や研修に十分な財政的援助が不可欠である。

わが国の家族相談士の増加に伴い、今後は、その継続研修の機会と質をいかに保証するかが重要な課題となっている。そこで、家族相談士・家族心理士認定機構は、その指導的役割を担う専門家として、二〇〇〇年度から新たに「家族心理士」の認定業務を開始し、二〇〇一年に一三名の家族心理士を認定した。参考のために、家族心理士の資格認定について要件を示しておくことにしよう。家族心理士は、家族を心理的な面から援助するとともに、そのために必要な理論や技術を研究し、発展させることを目的とする資格である。受験資格は、以下の条件のひとつに該当する者となっている。

①　大学院博士前期課程（修士課程）において、家族に関する心理・臨床領域について研究し、かつ修士号を取得した後、二年以上一〇〇〇時間以上の家族援助の臨床

経験がある者。

②　臨床心理士、認定カウンセラー、中級産業カウンセラーのいずれかの資格を有し、その資格を取得した後、家族に関する心理・臨床領域について研究し、一年以上五〇〇時間以上の家族援助の臨床経験がある者。

③　「家族相談士」の資格を取得した後、家族に関する心理・臨床領域について研究し、二年以上一〇〇〇時間以上の家族援助の臨床経験がある者。

④　上記①②③のいずれかと同等の資格条件を有する者。（家族援助の臨床経験とは、家族療法・家族カウンセリングの理論と方法にもとづいた心理臨床的支援の経験をいう）

将来的には、家族心理士の有資格者が家族相談士養成の中心的役割を担うようになることが期待されている。また、現在は、東京地区でのみ実施されている家族相談士の養成講座が関西地区や東北地区でも開催される予定であり、現在家族相談士・家族心理士認定機構による講座認定のための手続きを整える段階にある。この作業が順調に進めば、今後三〜四年で約七〇〇名を超す家族相談士を全国規模で養成することも不可能ではないと予測している。

ＦＲＣをモデルとする家族支援センターを全国的に整備するためには、少なめに見積もっても数千人規模の専門家が必要とされるだろう。家族相談士や家族心理士が中核になるにしても、さらに幅広く専門家を養成することも考慮すべき段階がくるのではないだろうか。その際には、文部科学省や厚生労働省といった省庁ごとに、全体的な見とおしを欠いた縦割り的な行政施策を散発的に実施することは好ましくない。次世代の家族作りを日常生活の根底部分で支えるような、省庁横断的で、かつ総合的なプログラムを地方自治体や民間のNPOあるいはNGO組織とも連携して作成・実施し、終了年度ごとに厳密な外部評価を受け、さらに改良を加えたプログラムを順次提供していくべきではないだろうか。

資格取得に関連する情報を入手するためには、家族心理士・家族相談士資格認定機構事務局（電話：〇三―三三一六―一九五五）に問い合わせされると良い。また、関連する主要な学協会は、以下の通りである。

日本家族心理学会　〒二一四―八五六五　神奈川県川崎市多摩区西生田一―一―一　日本女子大学人間社会学部平木研究室内（電話：〇六―六八七九―八一〇三）

日本家族カウンセリング協会　〒一六六―〇〇〇三　東京都杉並区高円寺南一―七―八―一〇二（電話：〇三―三三一六―一九五五）

日本家族研究・家族療法学会　〒五二〇―二一四四　大津市大萱一―一九―二五

湖南クリニック内　日本家族研究・家族療法学会（電話：〇七七－五四五－八五一四）

〈文　献〉

秋丸貴子・亀口憲治　一九八八　家族イメージ法による家族関係認知に関する研究。家族心理学研究、第二巻一号、六一－七四。

Hazelrigg, M., Cooper, H. and Borduin, C. 1987 Evaluating the effectiveness of family therapies: an integrative review and analysis. *PsychologicalBulletin*, 10(3), 428-442

平木典子　一九九八　家族との心理臨床　垣内出版

ホフマン・L．亀口憲治訳　一九八六　システムと進化―家族療法の基礎理論　朝日出版社（原著一九八一）

カー・M．E．・ボーエン・M．藤縄昭・福山和女監訳　二〇〇一　家族評価　金剛出版（原著一九八八）

亀口憲治　一九八四　家族カウンセラーの養成と研修の方法　日本家族心理学会（編）心の健康と家族（家族心理学年報二）金子書房　七九－一〇四

亀口憲治　一九八七　家族システムの変化に伴う家庭内暴力の解決事例　家族心理学研究　第一巻一号　一七－二三

亀口憲治　一九八九ａ　登校拒否の家族療法事例―増強フィードバックによる母子システムの構造変化　家族心理学研究　第三巻一号　四五－五四

亀口憲治　一九八九ｂ　粘土・絵画を導入した家族療法　現代のエスプリ『家族療法と絵画療法』石川元編、至文堂、pp.110-119

亀口憲治　一九九一　父性の誕生と危機　日本家族心理学会編　新しい家族の誕生と創造　金子書房、七一－八四

亀口憲治　一九九二　家族システムの心理学　北大路書房

亀口憲治　一九九七　現代家族への臨床的接近　ミネルヴァ書房

亀口憲治　一九九八　変化しつつある父親　家族看護学研究　第四巻第二号、九九－一〇三。

亀口憲治　二〇〇〇　家族臨床心理学　東京大学出版会

亀口憲治　二〇〇二　家族心理学特論　放送大学教育振興会

亀口憲治　二〇〇三　家族のイメージ　河出書房新社

亀口憲治・池田純子・浦部雅美　一九九〇　家族システム図法による家族療法の効果測定　家族心理学研究　第四巻

一号、二五－三六。
亀口憲治・堀田香織　一九九八　学校と家族の連携を促進するスクール・カウンセリングの開発Ｉ－理論的枠組みを中心に　東京大学大学院教育学研究科紀要　第三八巻　四五一－四六五
亀口憲治・堀田香織・佐伯直子・高橋亜希子　一九九九　学校と家族の連携を促進するスクールカウンセリングの開発　Ⅱ－技法の選択とその実践　東京大学教育学研究科紀要　第三九巻　五三五－五四九
亀口憲治・Hayes, L.・市橋直哉　二〇〇〇　総合的心理教育による学校支援　東京大学教育学研究科紀要　第四〇巻　二八一－二九七
亀口憲治・Hayes, L.・高橋均・長谷川恵美子・高岡文子　二〇〇一　総合的心理教育におけるカリキュラム開発　東京大学教育学研究科紀要　第四一巻　五一一－五二五
亀口憲治・高橋均・長谷川恵美子・角田真紀子　二〇〇二　総合的心理教育の実践過程　東京大学教育学研究科紀要　第四二巻　四七一－四九五
亀口憲治・市川雅美　二〇〇一　家族機能活性化プログラムを用いた連携の促進　現代のエスプリ『学校心理臨床と家族支援』亀口憲治編　至文堂　二〇二－二一一
亀口憲治・遠山千恵子　二〇〇一　家族支援センターとしてのカウンセリングルーム　現代のエスプリ『学校心理臨床と家族支援』亀口憲治編　至文堂　一八六－一九三
ミニューチン・S、リー・W－Y、サイモン・G・M．亀口憲治監訳　二〇〇〇　ミニューチンの家族療法セミナー　金剛出版（原著一九九六）
中釜洋子　二〇〇一　いま家族援助が求められるとき　垣内出版
中村雄二郎　一九九二　臨床の知とは何か　岩波書店
Nichols, W.C. 1996 *Treating people in families.* New York : Guilford Press.
大下由美　一九九六　幼児を怖がる幼児の家族療法事例　家族心理学研究　第一〇巻第二号、　七七－九〇
岡堂哲雄　一九九一　家族心理学講義　金子書房
岡堂哲雄　二〇〇〇　家族カウンセリング　金子書房
オリーリ・C・J．　岡堂哲雄監訳　二〇〇二　カップルと家族のカウンセリング　金剛出版（原著一九九九）

佐藤悦子　一九九九　夫婦療法　金剛出版
柴崎暁子・丹野義彦・亀口憲治　二〇〇一　家族イメージ法のプロトコル分析と再信頼性の分析　家族心理学研究第一五巻二号、一四一－一四八
杉渓一言　二〇〇二　家族カウンセリングのすすめ　子どもの未来社
ワクテル・P　杉原保史　二〇〇二　心理療法の統合を求めて　金剛出版（原著一九九七）

あとがき

私が一九八一年に家族療法という心理的援助の理論と技法に出会って以来、すでに二〇余年が経過した。それ以前の臨床経験を加えれば、通算で三五年にも及ぶ年月を心理療法やカウンセリングの世界にかかわってきたことになる。当時二〇歳であった私が、この間に変化したことはいうまでもないが、カウンセリングの世界も大きく変化した。初学者であった私は、心理療法やカウンセリングに関連することは、すべて首をつっこみ、機会を見つけてはその現場に出かけていった。障害児の施設、精神病院、児童相談所、養護学校、障害児学級、労災病院、リハビリテーション施設、教育相談所、保健センター、家庭裁判所、青少年センター、学生相談所、カウンセリング・センター、心理教育相談室等々、枚挙にいとまがないほどである。脳性マヒ児の訓練プログラムの開発にかかわっている時期には、全国各地で開催されていた集団集中訓練キャンプに頻繁に仲間と出かけていった。十数年の間に、障害をかかえた親子と一週間寝起きを共にする生活を数十回も繰り返したが、その経験は、家族療法に転じてからも、クライエントの家族がおかれた生態学的な文脈や背景要因を理解するうえで、大いに役立った。

幸い、私が在籍した九州大学には、精神分析から催眠療法や行動療法にいたるまで幅広いカウンセリングの学派の指導者がそろっていたために、カウンセリングの基礎をあまり偏らずに学ぶことができた。唯一学ぶことができなかったのが、家族療法だったのである。これも、三〇歳代になってからではあったが、ニューヨーク州立大学ストーニーブルック校にフルブライト研究員として在籍中に学ぶことができた。しかも、この家族療法との出会いこそが、その後の私の臨床心理士としての方向性を決定付けることになったのである。

悪戦苦闘の連続であった家族療法の臨床経験を経た現在、私にとっての当面の課題は、いかにして家族療法の知見をカウンセリングの世界に持ち込むかということである。本書は、この課題に対する報告書のような性格を持っている。本書の第一の特徴は、欧米からの輸入品でしかなかった家族療法の「国産化」を図ったことである。この試みがどれほど成功したかは、読者の判断を仰ぐ以外にないと心得ている。

ともかく、本書は私の手を離れ、これから二一世紀のカウンセリングを学び、そして実践しようとされている初学者の方々の目にとまることになる。本書で提起した「家族療法的カウンセリング」という名称は、いままさに産声をあげたばかりのものである。ぜひとも、多くのカウンセラーや広くカウンセリングを学ぶ方々の愛情に育まれ、順調に成長していってほしいと願っている。とりわけ、わが国に特有の心理的問題とされる不登校や引きこもりで苦しんでいる家族の方々が、この新たなカウンセリングの理論と技法の展開によって絶望状態から脱し、明るい希望を見出されることを祈念している。

本書の出版に際し、駿河台出版社の石田和男氏にタイミングよく執筆の進行状況を見守っていただいた。公務に追われる多忙さの割には、予想以上に早く完成させることができたのも、同氏の温かい配慮によるところが大きい。心から感謝申し上げたい。

二〇〇三年九月二四日

本郷の研究室にて　亀口　憲治

付録1

基本図書（邦文のみ）

長谷川浩編（一九八八）講座家族心理学五　生と死と家族　金子書房
長谷川啓三（一九八七）家庭内パラドックス　彩古書房
平木典子編（一九八八）講座家族心理学二　夫と妻～その親密化と破綻　金子書房
平木典子（一九九六）家族カウンセリング入門　安田生命社会事業団
平木典子（一九九七）カウンセリングとは何か　朝日新聞社
平木典子・袰岩秀章編（一九九七）カウンセリングの基礎～臨床の心理学を学ぶ　北樹出版
平木典子（一九九八）家族との心理臨床～初心者のために　垣内出版
平木典子・袰岩秀章編（一九九八）カウンセリングの実習～自分を知る、現場を知る　北樹出版
平木典子（二〇〇三）カウンセリング・スキルを学ぶ　金剛出版
星野命編（一九八九）講座家族心理学一　変貌する家族～その現実と未来　金子書房
亀口憲治（一九九二）家族システムの心理学～「境界膜」の視点から家族を理解する　北大路書房

亀口憲治（一九九七）現代家族への臨床的接近〜家族療法に新しい地平を開く　ミネルヴァ書房
亀口憲治（一九九七）家族の問題〜こころの危機と家族のかかわり　人文書院
亀口憲治（二〇〇〇）家族臨床心理学　東京大学出版会
亀口憲治（二〇〇二）家族心理学特論　放送大学教育振興会
亀口憲治（二〇〇三）家族のイメージ　河出書房新社
柏木惠子編（一九九八）結婚・家族の心理学〜家族の発達・個人の発達　ミネルヴァ書房
柏木惠子（二〇〇三）家族心理学　東京大学出版会
国谷誠朗編（一九八八）講座家族心理学三　親と子〜その発達と病理　金子書房
日本家族心理学会監修（一九九九）家族心理学事典　金子書房
日本家族心理学会編（一九八三）家族心理学年報一　家族臨床心理の展望　金子書房
日本家族心理学会編（一九八四）家族心理学年報二　心の健康と家族　金子書房
日本家族心理学会編（一九八五）家族心理学年報三　家族カウンセリングの実際　金子書房
日本家族心理学会編（一九八六）家族心理学年報四　ライフサイクルと家族の危機　金子書房
日本家族心理学会編（一九八七）家族心理学年報五　親教育と家族心理学　金子書房
日本家族心理学会編（一九八八）家族心理学年報六　結婚の家族心理学　金子書房
日本家族心理学会編（一九八九）家族心理学年報七　思春期・青年期問題と家族心理学　金子書房
日本家族心理学会編（一九九〇）家族心理学年報八　現代家族の揺らぎを越えて　金子書

房

日本家族心理学会編（一九九一）家族心理学年報九　新しい家族の誕生と創造　金子書房

日本家族心理学会編（一九九二）家族心理学年報一〇　家族の離別と再生　金子書房

日本家族心理学会編（一九九三）家族心理学年報一一　家族とコミュニケーション　金子書房

日本家族心理学会編（一九九四）家族心理学年報一二　家族における愛と親密　金子書房

日本家族心理学会編（一九九五）家族心理学年報一三　家族　その変化と未来　金子書房

日本家族心理学会編（一九九六）家族心理学年報一四　二一世紀の家族像　金子書房

日本家族心理学会編（一九九七）家族心理学年報一五　児童虐待　金子書房

日本家族心理学会編（一九九八）家族心理学年報一六　パーソナリティの障害　金子書房

日本家族心理学会編（一九九九）家族心理学年報一七　こころのパニック　金子書房

日本家族心理学会編（二〇〇〇）家族心理学年報一八　パーソナリティの障害　金子書房

日本家族心理学会編（二〇〇一）家族心理学年報一九　学校臨床における家族の支援　金子書房

日本家族心理学会編（二〇〇二）家族心理学年報二〇　子育て臨床の理論と実際　金子書房

日本家族心理学会編（二〇〇三）家族心理学年報二一　家族カウンセリングの新展開　金子書房

岡堂哲雄編（一九七八）家族心理学　有斐閣

岡堂哲雄（一九八六）あたたかい家族　講談社現代新書　No.八〇〇

岡堂哲雄（一九八七）ファミリー・カウンセリング～家族の危機を救う　有斐閣新書

岡堂哲雄編（一九八八）講座家族心理学六　家族心理学の理論と実際　金子書房
岡堂哲雄編（一九八九）家族関係の発達と危機　同朋舎出版
岡堂哲雄・鑪幹八郎・馬場禮子編（一九九〇）臨床心理学大系四　家族と社会　金子書房
岡堂哲雄（一九九一）家族心理学講義　金子書房
岡堂哲雄編（一九九一）健康心理学～健康の回復・維持・増進を目指して　誠信書房
岡堂哲雄編（一九九二）家族心理学入門　培風館　補訂版（一九九九）
岡堂哲雄（二〇〇〇）家族カウンセリング　金子書房
岡堂哲雄・佐藤悦子編（一九九五）結婚と離婚の間　日本文化科学社
佐藤悦子（一九八四）離婚～危機とその克服　オール出版
佐藤悦子（一九八七）家族内コミュニケーション　勁草書房
佐藤悦子（一九八八）むかいあう夫と妻・家族関係のコミュニケーション　創元社
佐藤悦子（一九九七）愛が終わる理由　大和書房
佐藤悦子（一九九九）夫婦療法～二者関係の心理と病理　金剛出版
杉溪一言編（一九八九）講座家族心理学四　家族と社会　金子書房
東京家族療法研究会編（一九九六）逐語語による国谷セミナー　第一部ラバーテ理論による家族療法入門　チーム医療
遊佐安一郎（一九八四）家族療法入門　星和書店

付録2

「家族相談士養成講座概要」（平成一四年度版）

■期間：平成一四年度五月～一一月（八月は休み）

■日時：土曜日一時限　一三：三〇～一五：〇〇（毎月、三～四回開講）
二時限　一五：一五～一六：四五

■会場：東京（千代田区）
大阪（大阪市）

■定員：五〇名

■受講資格：

1) 日本家族心理学会または日本家族カウンセリング協会に一年以上在籍している者
2) 臨床心理士、日本カウンセリング学会認定カウンセラー、産業カウンセラー〈初級以上〉の有資格者

3）医師、社会福祉士、精神保健福祉士、保険師、看護師、保育士の有資格者
4）心理学および関連領域の大学院修士課程在籍者または修了者
5）大学（四年制）を卒業した後、カウンセリングの基礎過程（注①）を修了した者

……以上のいずれかの条件に該当する者で、臨床経験（注②）を有する者

注①：基礎的な学習を一年以上（週一回）修めた者
注②：教育相談、電話相談、心理臨床、産業カウンセリング、ケースワークなど、家族カウンセリングと関わりのある実践経験一年以上を指す

■**受講料**：一五〇、〇〇〇円（資料代を含む）、二回分割払い可

■**問い合わせ先**：
〒一六六―〇〇〇三
東京都杉並区高円寺南一―七―八―一〇二
日本家族カウンセリング協会内「家族相談士養成講座」係
（ＴＥＬ：〇三―三三一一―六一一九五五　ＦＡＸ：〇三―三三一一―六一一九五六）

■**「家族相談士資格認定試験」について**

講座の修了書を取得した者は、家族心理士・家族相談士資格認定機構が実施する家族相談士資格認定審査の受験資格が得られます。

■担当講師（東京）

石井哲夫　白梅学園短期大学学長
大熊保彦　川村学園女子大学教授
岡堂哲雄　聖徳大学教授
柏木惠子　文京学院大学教授
亀口憲治　東京大学大学院教授
国谷誠朗　聖徳大学教授
杉溪一言　日本女子大学名誉教授
中釜洋子　東京都立大学助教授
野末武義　IPI統合的心理療法研究所研究員
長谷川浩　東海医療学園理事
花沢成一　聖徳大学教授
平木典子　日本女子大学教授
藤田博康　前・東京家庭裁判所調査官
山本晴義　横浜労災病院メンタルヘルスセンター長
他（右記五十音順）

■カリキュラム（全四二講座）

A：人間・家族発達と心の健康
現代の家族と心の健康
家族ライフサイクル

生涯発達の心理学(1)(2)
心の病理と家族(1)(2)

B：夫婦・家族研究

家族の発達と病理(1)(2)
親子関係の心理学
きょうだい関係の心理学
多世代関係の心理学
カップル関係の心理学

C：家族カウンセリングの方法

家族カウンセリング総論(1)(2)
家族アセスメント(1)(2)
カップル・カウンセリング(1)(2)
家族カウンセリング技法Ⅰ　初回面接(1)(2)
技法Ⅱ　質問の仕方(1)(2)
技法Ⅲ　ジェノグラム(1)(2)
技法Ⅳ　パラドックス(1)(2)
技法Ⅴ　ノンバーバル・アプローチ(1)(2)
技法Ⅵ　ソリューション・フォーカスド(1)(2)
技法Ⅶ　心理教育的アプローチ(1)(2)
家族ロールプレイ(1)(2)(3)(4)

D：倫理・法律・社会

心理専門職の倫理(1)(2)

家族と法律(1)(2)

家族と社会福祉

家族と社会

※カリキュラムの内容、講師は変更する場合があります。

「家族相談士・家族心理士」資格審査について

《家族相談士》

日本家族心理学会と日本家族カウンセリング協会は、家族に対する心理的援助の専門団体として、研究・研修活動を行っています。その一環として両団体が協同して、一九九二年に「家族相談士」の資格制度を開設し、家族への心理的なコンサルテーションのできる専門家を養成し、世に送り出すことに務めてきています。

家族相談士の役割は、家族関係の調整や、健康な家族をつくるための助言、指導、啓蒙活動にありますが、今日の家族問題は、家庭内の人間関係だけでなく、学校、職場、地域社会、生活環境などと深く関わっており、それぞれの家庭を取り巻く社会状況があらゆる面で時々刻々とゆれ動いています。このような背景にも目を向け、一つの家族を相互関連的に捉え援助していこうとする家族相談士の役割は、時代がもっとも要求するものとして関心が高まっています。

活動の場はあらゆる分野にありますが、特に次の分野からの要請がみられます。

1) 教育関係
　保育園、幼稚園、小学校、中学校、高校、大学、塾、養護学校、など

2) 福祉関係
　特別養護老人ホーム、身障者施設、養護施設、作業所、など

3) 病院関係

4) 地域社会関係
市町村住民の家族個別相談、電話相談、健康な家族づくりへ援助・指導
5) 家庭裁判所関係
家裁調停委員
6) 各種啓蒙活動
・講演、セミナーの講師
・家庭関係学習会などのリーダー
・地域、産業、教育、文化活動などに家族カウンセリングの普及活動など

■資格審査について

日本家族心理学会と日本家族カウンセリング協会は、専門職資格の認定を行う家族心理士・家族相談士資格認定機構を設置し、本機構により資格審査を実施し認定を行っています。資格審査は、書類審査および筆記・面接審査によります。なお、筆記・面接審査は、東京都内および大阪府内で実施します。

■資格認定申請条件

次のいずれかの事項に該当する者とします。
A) 日本家族カウンセリング協会、日本家族心理学会に入会二年以上経過した会員で、両団体が主催する研修会、またはワークショップで、所定の学習を修めると共に、臨床経験を有する者。
※所定の学習とは、以下に示す領域と時間数をいいます。

Ａ：人間発達研究の領域	一二時間以上
Ｂ：夫婦・家族研究の領域	二四時間以上
Ｃ：夫婦・家族療法の領域	二四時間以上
Ｄ：倫理・法律・社会の領域	六時間以上
計	六六時間以上

※「臨床経験」とは、教育相談、電話相談、心理臨床、産業カウンセリング、ケースワークなど、家族カウンセリングと関わりのある実践経験一年以上を指します。

Ｂ）「家族相談士養成講座」に登録し、各領域二／三以上出席した者。ただし、臨床経験については別に定める。（平成一四年度施行規定）

人間・家族発達研究（Ａ）	一二時間（六コマ）
夫婦・家族研究（Ｂ）	一二時間（六コマ）
家族カウンセリング（Ｃ）	四八時間（二四コマ）
倫理・法律・社会（Ｄ）	一二時間（六コマ）
計	八四時間（四二コマ）

※各領域の時間数は、単年度内の講座のものとする

Ｃ）家族心理学の領域で、研究実績および臨床実績を有する者

■資格認定手続き期間

審査実施要領発表 …一一月初旬
申請書類請求期間 …一一月初旬から一一月末
申請書類提出期間 …一一月中旬から一二月中旬
書類審査 …一二月下旬
筆記審査 …二月初旬
面接審査 …三月初旬

■審査諸費用

申請書類請求料 …一、〇〇〇円
公開問題集 …五〇〇円
資格認定審査料 …二〇、〇〇〇円
認定登録料 …三〇、〇〇〇円

■詳細問い合わせ先

「家族心理士・家族相談士資格認定機構」
〒一六六—〇〇〇三
東京都杉並区高円寺南一—七—八—一〇二
ＴＥＬ／ＦＡＸ：〇三—六七六五—六三五五

《家族心理士》

■資格審査について

日本家族心理学会および日本家族カウンセリング協会は、「家族相談士」の資格認定に加えて、二〇〇〇年（平成一二年）より、「家族心理士」の資格制度を開設、家族心理士・家族相談士資格認定機構により資格審査を実施し認定を行っています。

資格審査は書類審査・面接審査によります。面接審査は東京都内で実施します。

■資格認定申請条件

資格認定を申請するには、以下の条件の一つに該当することが必要です。条件によって申請書類が異なります。

1）大学院博士前期課程（修士課程）において、家族に関する心理・臨床領域について研究し、かつ、修士号を取得した後、二年以上一〇〇〇時間以上の家族援助の臨床経験がある者

2）臨床心理士（財団法人・日本臨床心理士資格認定協会）、認定カウンセラー（日本カウンセリング学会）、中級産業カウンセラー（日本産業カウンセラー協会）のいずれかの資格を有し、その資格を取得した後、家族に関する心理・臨床領域について研究し、一年以上かつ五〇〇時間以上の家族援助の臨床経験がある者

3）「家族相談士」の資格を取得した後、家族に関する心理・臨床領域について研究し、二年以上かつ一〇〇〇時間以上の家族援助の臨床経験がある者

4）上記、(1)(2)(3)のいずれかと同等の資格条件を有する者

※家族援助の臨床経験とは、家族療法・家族カウンセリングの理論と方法に基づいた心

理臨床的支援の経験をいいます。

■資格認定手続き期間

・審査実施要領発表……六月中旬
・申請書類請求期間……六月中旬から七月上旬
・申請書類提出期間……七月上旬から九月中旬
・面接審査……一〇月下旬

■審査諸費用

・申請書類請求料……一、〇〇〇円
・資格認定審査料……二〇、〇〇〇円
・認定登録料……三〇、〇〇〇円

■詳細問い合わせ先

「家族心理士・家族相談士資格認定機構」
〒一六六―〇〇〇三
東京都杉並区高円寺南一―七―八―一〇二
TEL/FAX:〇三―六七六五―六三五五

「日本家族カウンセリング協会」入会案内

■入会のおすすめ

近年、家族の問題に対する関心が急速に高まってきました。激しい時代の流れの中で家族病理が進行し、さまざまな葛藤や混乱が惹き起こされています。こうした家族の危機的状況に対して、適切な援助が必要であることは申すまでもありません。

私どもは、家族の心理的援助の新しいアプローチとして海外でも重視されている「家族カウンセリング」に注目し、その普及発展のために、一九八五年三月、「日本家族カウンセリング協会」を設立いたしました。カウンセリングや心理療法にたずさわっておられる方をはじめ、教育、医療、看護、保健、福祉、矯正、地域活動、各種ボランティア活動などにご関係の方々で、家族カウンセリングに関心を抱かれる皆様の幅広いご参加を期待しております。本協会は当面、家族カウンセラーの養成に向けて研修活動を中心に運営しております。わが国における家族援助の実践活動を促進するために、心ある方々のご協力とご支援をお願いする次第です。

■協会の活動

一、研修会

・年間に春期（三月）、夏期（八月）、秋期（一一月）の研修会〈各二日間〉を開催。家族心理士・家族相談士資格認定機構による家族相談士資格取得の規定に基づいて企画されている。
・家族カウンセリング実践的研修

二、家族相談士養成講座：
・家族相談士資格取得の規定に基づいたカリキュラム内容で五月～一一月（土曜日午後全四二コマ（二一日）を開講。家族カウンセリングの理論と実践を体系的に学習する。講座修了者は家族相談士資格認定試験を受験する資格が得られる。

三、会報：
・協会活動の報告、家族カウンセリングに関する情報、会員相互のコミュニケーションなどのために年間三回発行している。
・その他講演録等発行

■入会資格

つぎのいずれか一つに該当している方。

(1) 日本家族心理学会の会員。
(2) 大学、または短期大学において心理学、教育学、社会福祉学、看護学、保健学（精神衛生）などの人間科学を専攻した方、およびこれと同等以上の学歴を有する方。
(3) 家族に対する心理面の援助経験を有する方。
(4) カウンセリングの研修歴を一年以上有する方。
(5) その他、運営委員会で入会を認められた方。

■入会の方法

本協会に入会を希望される場合は、入会申込書類を事務局に請求して下さい。必要事項を記入の上、事務局までお送り下さい。入会は運営委員会で審査し、承認後に入会手続きの案内を事務局よりお知らせします。

入会金　：三、〇〇〇円
年度会費：六、〇〇〇円

■事務局

〒一六六—〇〇〇三
東京都杉並区高円寺南一—一七—八—一〇二
TEL：〇三—三三一六—一九五五
FAX：〇三—三三一六—一九五六
http://www.j-f-c-a.org

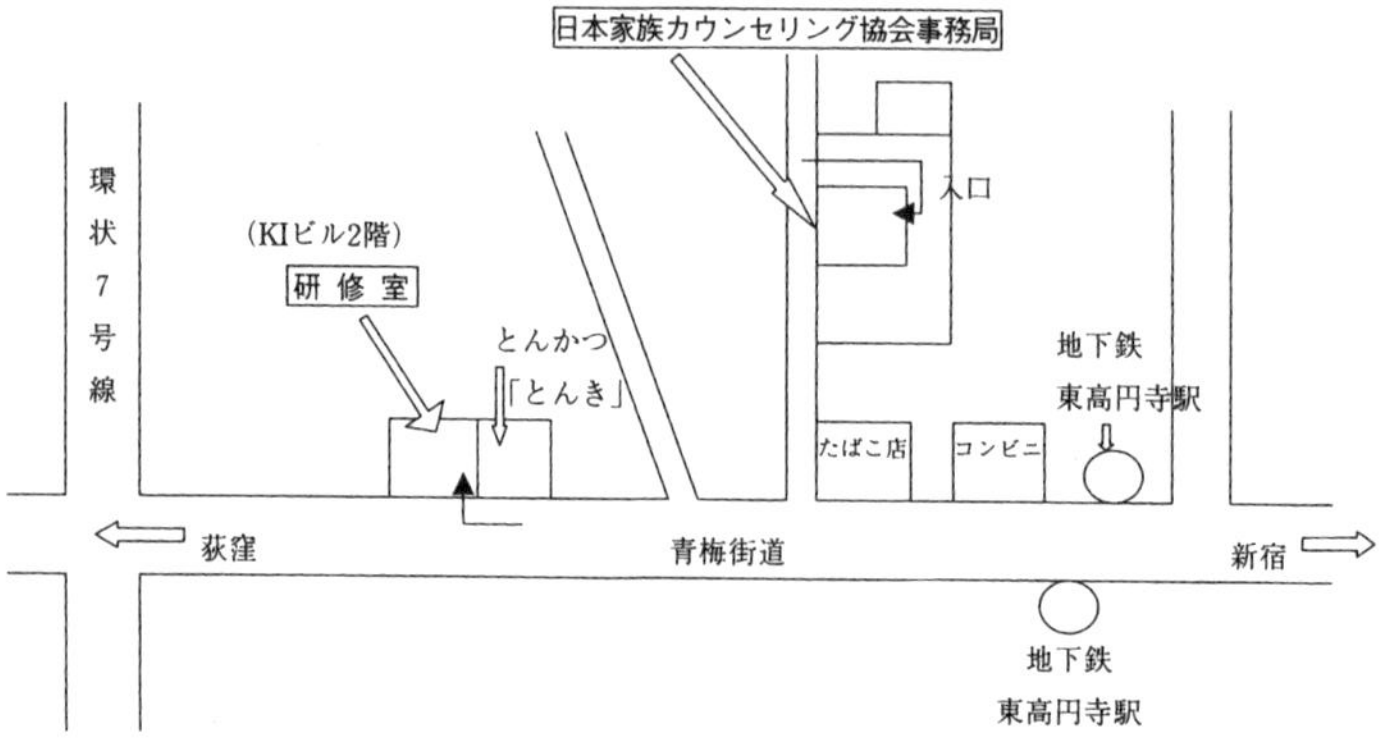

【著者略歴】

亀口　憲治（かめぐち　けんじ）

東京大学大学院教育学研究科教授（学校臨床総合教育研究センター附属学校分室長および心理教育相談室長）、教育心理学博士、臨床心理士、家族心理士

生　年　1948年　福岡県北九州市に生れる
学　歴　1975年　九州大学大学院博士課程全単位修得
職　歴　九州大学教育学部助手、福岡教育大学教授等を経て1998年4月より現職　この間、1980より1982年までフルブライト研究員としてニューヨーク州立大学で臨床研究に従事
役　職　国際家族心理学会日本代表、日本家族心理学会常任理事、日本家族カウンセリング協会副会長、家族心理士・家族相談士認定機構常任理事、ＮＰＯ法人システム心理研究所代表
専　攻　臨床心理学、家族療法、家族心理学

編著書　『家族臨床心理学』（東京大学出版会)、『家族のイメージ』（河出書房新社)、『家族心理学特論』（放送大学教育振興会)、『現代家族への臨床的接近』（ミネルヴァ書房)、『家族の問題』（人文書院)、『家族システムの心理学』（北大路書房)、『家族の風景』（現代のエスプリ、至文堂)、『愛と癒し』（現代のエスプリ、至文堂）その他多数
訳　書　ミニューチン他著『ミニューチンの家族療法セミナー』（金剛出版)、ホフマン著『システムと進化』（朝日出版社)、キーニー著『即興心理療法』（垣内出版)、ゲルサー他著『初歩からの家族療法』（誠信書房）

家族療法的カウンセリング

●———2003年11月25日　初版第１刷発行
2011年６月20日　初版第３刷発行

著　者——亀口憲治
発行者——井田洋二
発行所——株式会社　**駿河台出版社**
〒101-0062 東京都千代田区神田駿河台３－７
電話03(3291)1676番(代)／FAX03(3291)1675番
振替00190-3-56669
製版所——株式会社フォレスト

ISBN978-4-411-00354-6　C0011　¥1800E

《21世紀カウンセリング叢書》
［監修］伊藤隆二・橋口英俊・春日喬・小田晋

キャリアカウンセリング
宮城まり子

近年厳しい経済状況に見舞われている個人、企業、組織はキャリアカウンセラーの支援を切実に求めている。本書はキャリア自身の本格的なサポートをするために書き下された。

本体1700円

実存カウンセリング
永田勝太郎

フランクルにより提唱された実存カウンセリングは人間の精神における人間固有の人間性、責任を伴う自由を行使させ、運命や宿命に抵抗する自由を自覚させ、そこから患者独自の意味を見出させようとするものである。

本体1600円

ADHD（注意欠陥／多動性障害）
町沢静夫

最近の未成年者の犯罪で注目されているADHDについて、90年代以後の内外の研究成果をもとにADHDとは何かにせまる。そして、この病気にいかに対処するか指針を示してくれる。

本体1600円

芸術カウンセリング
近喰ふじ子

芸術カウンセリングとは言語を中心とした心理療法を基本に芸術（絵画、コラージュ、詩、歌）を介したアプローチをしてゆく心理療法のことである。

本体1600円

産業カウンセリング
石田邦雄

産業カウンセリングは運動指導・心理相談・栄養指導・保健指導などの専門スタッフが協力して働く人の心身両面からの健康保持増進を図ろうとするものである。

本体1600円

PTSD
ポスト・トラウマティック・カウンセリング
久留一郎

トラウマとは瞬間冷凍された体験だ。それを癒すには凍りついた体験を解凍し、従来の認知的枠組みの中に消化吸収してゆくことだ。

本体1700円

《21世紀カウンセリング叢書》
［監修］伊藤隆二・橋口英俊・春日喬・小田晋

構成的グループ・エンカウンター

片野　智治

構成的グループ・エンカウンターとは集中的なグループ体験のこと。ふれあいと自己発見を通して参加者の人間的成長をめざす。人間関係開発を意図した予防的・開発的カウンセリングのグループ・アプローチのこと。

本体1700円

《人間の発達と臨床心理学》

伊藤隆二・橋口英俊・春日喬　編

第1巻　生涯発達と臨床心理学

第1章　生涯発達の心理　第2章　心理的問題の縦断的考察　第3章　心理的問題の診断　第4章　主な心理療法　精神分析療法／来談者中心療法／行動療法／認知療法／論理療法／ゲシュタルト療法／催眠療法／イメージ療法／交流分析／内観療法／自律訓練法／森田療法／家族療法／集団療法／サイコドラマ／遊戯療法／箱庭療法とコラージュ療法／絵画療法／音楽療法／東洋医学的心理療法

本体３３０１円

第2巻　乳幼児期の臨床心理学

第1章　乳幼児期の発達心理　第2章　乳幼児期の心理的問題の理解　第3章　乳幼児期の心理診断　第4章　乳幼児期の心理治療　妊娠期の精神的問題とその対応／産褥期精神障害／初期発達障害／授乳障害／夜泣・夜驚／基本的生活習慣／乳幼児の心因性疾患／食事の問題／言語の問題／退行／反抗／性器いじり／嘔吐／内閉／ことばの遅れ　第5章　乳幼児期の精神的健康のために

本体３８００円

第3巻　学齢期の臨床心理学

第1章　学齢期の発達心理　第2章　学齢期の心理的問題の理解　第3章　学齢期の心理診断　第4章　学齢期の心理治療　吃音／緘黙／排泄の問題／呼吸困難／耐性虚弱／多動／学習障害／神経性習癖／肥満／劣等感／心身症的問題（頭痛・腹痛・嘔吐・頻尿）／脱毛／抜毛／自慰／登校拒否／いじめ／盗み　第5章　学齢期の精神的健康のために

本体３８００円

第4巻　思春期・青年期の臨床心理学

第1章　思春期・青年期の発達心理　第2章　思春期・青年期の心理的問題の理解　第3章　思春期・青年期の心理診断　第4章　思春期・青年期の心理治療　反抗／家庭内暴力／受験ノイローゼ／怠学／盗み／薬物乱用青少年の心理機制とその事例研究／自信喪失／集団参加困難／思春期やせ症／アパシー／不定愁訴／性器劣等感／対人恐怖／自殺　第5章　思春期・青年期の精神的健康のために

本体３８００円

第5巻　成人期の臨床心理学

第1章　成人期の発達心理　第2章　成人期の心理的問題の理解　第3章　成人期の心理診断　第4章　成人期の心理治療　夫婦面接／嫁・姑の葛藤／児童虐待／モラトリアム／劣等感／孤立／不定愁訴／うつ／対象喪失／アルコール依存／性的逸脱／エイズカウンセリング／テクノストレス／出社拒否／過剰適応　第5章　成人期の精神的健康のために

本体３４００円

第6巻　老年期の臨床心理学

第1章　老年の心理　第2章　老年の心理的問題の理解　第3章　老年の心理診断　第4章　老年期の心理治療　身体変化／不定愁訴／家族間の葛藤／痴呆／被害妄想／生きがいの喪失／対象喪失／不治の病／死の不安／心身症／神経症／うつ／老年期の自殺　第5章　老年期の精神的健康のために

本体３１０７円